Tatjana Pokorny

Alinghis Gipfelsturm
DER AMERICA'S CUP

Mit Beiträgen von
Jochen Schümann
Rolf Vrolijk
Tim Kröger

Delius Klasing Verlag

Bibliografische Information Der Deutschen Bibliothek
Die Deutsche Bibliothek verzeichnet diese Publikation in der
Deutschen Nationalbibliografie; detaillierte bibliografische
Daten sind im Internet über »http://dnb.ddb.de« abrufbar.

1. Auflage
ISBN 3-7688-1489-0
© by Delius, Klasing & Co. KG, Bielefeld

Schutzumschlaggestaltung: Buchholz/Hinsch/Hensinger, Hamburg
Layout: Gabriele Engel
Reproduktionen: Lithotronic, Frankfurt
Druck: Stalling GmbH, Oldenburg
Printed in Germany 2003

Alle Rechte vorbehalten! Ohne ausdrückliche Erlaubnis
des Verlages darf das Werk, auch nicht Teile daraus, weder
reproduziert, übertragen noch kopiert werden, wie z. B.
manuell oder mithilfe elektronischer und mechanischer
Systeme inklusive Fotokopieren, Bandaufzeichnung und
Datenspeicherung.

Delius Klasing Verlag, Siekerwall 21, D - 33602 Bielefeld
Tel.: 0521/559-0, Fax: 0521/559-115
e-mail: info@delius-klasing.de
www.delius-klasing.de

Für Carlotta & Rasmus

Und alle, die mit Leidenschaft leben und segeln.

Inhalt

Jochen Schümann
Vorwort 9

Der geplante Sieg:
Alinghi formiert sich zum Alpen-Express Erster Klasse 11

Zurück zu den Wurzeln:
Ein Törn durch 152 Jahre Cup-Geschichte 20

Einer wird gewinnen:
Zehn Kampagnen träumen vom Cup 42

Deutsche Segler und der Cup:
Vom ewigen Flirt zur großen Liebe 63

    Porträt Rolf Vrolijk: Designer mit Bravour und Bescheidenheit 66

    Porträt Jochen Schümann: Sieger mit System 74

    Porträt Tim Kröger: Allrounder ohne Allüren 78

Jochen Schümann
Von 0 auf 99 – ein Team aus 15 Ländern wächst zusammen 81

Rolf Vrolijk
Weniger ist mehr – eine Allround-Yacht für *Alinghis* Elite-Einheit 88

Tim Kröger
Der Weg ist das Ziel – Ansichten aus der Froschperspektive 96

Louis Vuitton Cup:
Gnadenlos – die unbarmherzige Serie der Herausforderer 108

Louis Vuitton Cup:
Himmel und Hölle der Viertel- und Halbfinals 121

Tim Kröger
Kreative Knochenmühle mit hohem Lernfaktor 136

Rücksichtsloser Rachefeldzug:
Die Hetzkampagne gegen Coutts und Co. 141

    Porträt Russell Coutts: Eine Klasse für sich 148

Louis Vuitton Cup:
Kuh gegen Wal – Giganten unter sich 151

Hans-Joachim Stuck
Benzin und Salzwasser im Blut 163

Das 31. Match um den America's Cup:
Eine einseitige Angelegenheit 169

Die gefallene Segelgroßmacht Neuseeland:
Von Black Magic zu Black Tragic 180

Europa im Cup-Fieber:
Von langen Nächten und einem neuen Segelsportgipfel 186

Jochen Schümann
Das neue Gesicht des America's Cup 191

Der Traum ihres Lebens:
Von Menschen, die der Cup bewegte 197

Hinter dem Horizont:
Good bye Auckland! 203

Anhang: Teamübersicht · Ergebnislisten 205
Danksagung 221
Abbildungsnachweis 222

Das Beste, was wir von der Geschichte haben, ist der Enthusiasmus, den sie erregt.
JOHANN WOLFGANG VON GOETHE

Vorwort

Wer Wind sät, wird Sturm ernten. Diese alte Weisheit passt zu vielen kleinen und großen Momenten des 31. Match um den America's Cup. Es wurde viel Wind gemacht. Wind um die eine oder andere Spionage-Affäre, die Millionen-Budgets und die prominenten Herausforderer in der Cup-Saison 2002/2003. Wind um das Engagement von Russell Coutts, Brad Butterworth und ihren neuseeländischen Freunde für unser *Team Alinghi*. Und Wind um die neuseeländische Technologie-Innovation namens »Hula«. Am Ende gab es ein schlagzeilenträchtiges stürmisches Finale, in dem die Cup-Verteidiger den Hauraki-Golf nach schwarzer Bruchserie mit geknicktem Mast verließen.

Bei *Alinghi* dagegen lag in der Ruhe die Kraft. Wir sind in fünf Monaten Cup-Rennen niemals wirklich von unserem Kurs abgekommen, den wir zwei Jahre vor Cup-Start als unsere Philosophie formuliert hatten: Wir wollen ein Team aufbauen, auf das man stolz sein kann, das den America's Cup gewinnen kann und das andere Menschen inspiriert, höhere Ziele anzustreben. Wir glauben, alle drei Ziele erreicht zu haben. Allein die 40 000 Menschen, die zu unserer Siegerfeier nach Genf kamen, waren ein wunderbarer Beweis für die magische Anziehungskraft des America's Cup mit allen seinen sportlichen Höhepunkten und seiner wechselvollen wie faszinierenden Geschichte.

Auch in Deutschland haben Millionen mit uns mitgefiebert. So viel Enthusiasmus hat es im Segelsport selten gegeben. Für uns Segler war es eine ganz besondere Erfahrung, die wir gerne noch einmal erleben möchten. Dann im Jahr 2007 allerdings zum ersten Mal seit 156 Jahren wieder zuhause in Europa, denn der Cup kehrt heim und segelt zurück in eine neue Zukunft. Das ist eine große Chance für uns Segler, die Herzen des breiten Publikums zu erobern.

Wer Wind sät, wird Sturm ernten. Positiv gesehen, könnte das auch *Alinghis* Motto für die Zukunft sein. Wir wollen den America's Cup modernisieren. Wir wollen ihn attraktiver machen. Für die Zuschauer, aber auch für die Segler. Dazu suchen wir einen passenden Austragungsort in Europa mit stabilen Windverhältnissen. Mit diesem Wind würden wir gern 2007 Sturm ernten – einen Begeisterungssturm für den Segelsport!

Jochen Schümann

*Ein gescheiter Mann muss so gescheit sein,
Leute anzustellen, die gescheiter sind als er.*
JOHN F. KENNEDY

DER GEPLANTE SIEG:
Alinghi formiert sich zum Alpen-Express Erster Klasse

Irren ist menschlich. Und weil der Mensch nun einmal dazu neigt, seine Vorurteile in der Realität gerne bestätigt zu sehen, verlief die 31. Auflage des America's Cup von einem Irrglauben derart überschattet, dass es vor Auckland zur bislang heftigsten und teilweise niederträchtigsten Hetzkampagne in der ohnehin nicht immer friedlichen Geschichte des Cups kam. Die Mehrheit der neuseeländischen Segelfans, geführt von den neuseeländischen Medien, gingen bis zum Cup-Start am 1. Oktober und weit über diesen Zeitpunkt hinaus davon aus, dass der Schweizer Pharma-Milliardär Ernesto Bertarelli ihren einstigen Helden und Segelsuperstar Russell Coutts aktiv und mit vielen Millionen Schweizer Franken von *Team New Zealand* abgeworben hätte - eine allzu grobe Vereinfachung auf die Formel: »Reicher Mann klaut unseren Supersegler«.

Erst am 31. Januar 2003, kurz vor dem Start des 31. Match um den America's Cup und nach der viermonatigen Herausforderer-Serie um den Louis Vuitton Cup gingen schließlich die beiden angefeindeten Neuseeländer Russell Coutts und Brad Butterworth mit ihrer Version vom Wechsel

Der Meister und sein Geselle: Russell Coutts (l.) und Dean Barker nach *Team New Zealands* Cup-Triumph am 2. März 2000.

Er hat immer an den Traum vom ersten europäischen Cup-Sieg geglaubt: *Alinghis* Initiator Ernesto Bertarelli.

Freunde fürs Leben: *Alinghis* Skipper Russell Coutts (o.) und sein Taktiker Brad Butterworth sind das erfolgreichste Segel-Duo aller Zeiten.

in die Schweiz und dessen Beweggründen an die Öffentlichkeit. So lange haben sie aus Loyalität geschwiegen und ihr Wort gehalten, zu internen Angelegenheiten im *Team New Zealand* nichts in der Öffentlichkeit verlauten zu lassen. Seitdem ist klar, dass es nicht nur Bertarellis Millionen waren, deretwegen Coutts und Butterworth die »schwerste Entscheidung unseres Lebens« trafen. Seitdem wissen alle, die imstande sind, sich eigene Irrtümer einzugestehen, dass Coutts, Butterworth und ihre neuseeländischen Crew-Kameraden mit dem *Team Alinghi* den dornenreichen Weg in die Schweizer Alpen nicht nur des Geldes wegen angetreten haben.

Alinghis Erfolgsgeschichte hat ihre Wurzeln irgendwo im Winter 1999/2000. Damals hatte der begeisterte und durchaus erfolgreiche Amateur-Segler Ernesto Bertarelli den dreimaligen deutschen Olympiasieger Jochen Schümann zum Skilaufen eingeladen. Mal kennen lernen wollte er den deutschen Goldstar, der ihm auch als Steuermann der Schweizer America's Cup-Yacht *Be Happy* bekannt war. Mal hören wollte Bertarelli, wie Schümann über eine auf Erfolg ausgerichtete America's Cup-Kampagne dachte. Herausfinden wollte er, wie Schümann nach dem Misserfolg mit der von Finanzkrisen geschüttelten ersten Schweizer Herausforderung namens »Fast 2000« ein zweites, dieses Mal gut finanziertes Cup-Projekt angehen würde.

Schümann selbst hatte damals das Gefühl, dass »Bertarelli mich vielleicht als Skipper für verschiedene Regatten ausloten wollte«. »Ich habe ihm ganz schnell einen Korb gegeben, weil ich mich mitten in der Vorbereitung auf die Olympischen Spiele in Syndey befand«, erinnert sich der spätere Silbermdaillen-Gewinner, »aber ich habe seinem Freund und Manager Michel Bonnefous eine Arbeitsliste gemacht, auf der ich notierte, wen man in Vorbereitung auf eine Cup-Kampagne sehen und sprechen müsste und was in Auckland so passiert.«

Der nüchterne Analytiker Jochen Schümann hat – lange vor Coutts und Butterworth – intensiven Einfluss auf die Aktivitäten von Ernesto Bertarelli ausgeübt. Er hat – ebenfalls lange vor Coutts und Butterworth – schon 1999 mit Bertarelli auf

Das mehrfach preisgekrönte Logo *Alinghis* steht für Erfolg und Kreativität.

dessen Corel 45 *Serono* an einer Regatta vor Marseille teilgenommen. Schümann hatte von Beginn an das Vertrauen Bertarellis und seine uneingeschränkte Wertschätzung.

Trotzdem trennten sich die Wege der beiden Männer zunächst wieder. Während Schümann für Olympia ackerte, arbeiteten Bertarelli und Bonnefous mit viel Akribie die Arbeitsliste Schümanns ab. So flogen sie auch zu den Cup-Regatten im Jahr 2000 und sahen sich das ungleiche Finale zwischen Verteidiger *Team New Zealand* und Herausforderer *Prada* auf dem Hauraki-Golf an. In dieser Zeit kam es zum ersten Händedruck zwischen Bertarelli und Coutts. Der war jedoch flüchtiger Natur. An das genaue Datum Anfang Februar 2000 kann sich keiner der Beteiligten mehr erinnern, denn Bertarellis Besuch hatte den Charakter eines Privatbesuches ohne ein öffentlich formuliertes Ziel.

Tatsächlich wollte der in Rom geborene Erfolgsmanager mit Wohnsitz in Genf einen Blick auf die innovativen neuseeländischen Yachten werfen. Bertarellis Aufenthalt in Auckland war die Bildungsreise eines Mannes, der einen Traum verfolgte und im Zuge der Verwirklichung unter anderem auch jenen Hausaufgaben-Zettel Punkt für Punkt abarbeitete, den ihm Jochen Schümann überreicht hatte. Dabei kann niemand behaupten, dass die Segelei für Bertarelli nur so etwas wie die glamoursüchtige Macke eines Neureichen sei. Der 1965 geborene und laut Medienberichten in etwa viertreichste Mann der Welt unter 40 Jahren segelt seit seiner Jugend. Und immer waren es Yachten namens *Alinghi*, auf denen er seine Leidenschaft für den Sport auf dem Wasser auslebte. Was Bertarellis spätere Alinghi-Cup-Yachten von jenen Booten gleichen Namens unterschied, die seinem überaus geliebten und respektierten Vater gehörten, war lediglich der neue sportliche Höchstanspruch. Geblieben ist mit dem Namen »Alinghi« das selbst kreierte Kunstwort für Leidenschaft und Phantasie. Auf die Frage nach dem Grund seiner Euphorie für den Segelsport hat Bertarelli, der schon so anspruchsvolle Langstrecken wie das Fastnet Race als Navigator gewonnen hat, immer wieder die gleiche Antwort gegeben: »Segeln bringt mich mit beiden Beinen auf den Boden der Realität und gibt mir eine gute Perspektive zum Leben.«

Nachdem Bertarelli und Bonnefous das erste Cup-Kapitel aufgeschlagen hatten, recherchierten sie mit zunehmender Euphorie intensiv weiter. Bonnefous, seit Schulzeiten ein enger Freund Bertarellis und sein wichtigster Berater, war längst in der Rolle, in der er sich später selbst am besten aufgehoben sah: »Ich möchte die Plattform schaffen, auf der Alinghis Erfolg entstehen und wachsen kann.«

Ein weiterer Katalysator lief Bertarelli und Bonnefous in Person von Sir Michael Fay auf einer Wohltätigkeitsgala in Genf eher zufällig in die Arme. Der neuseeländische Banker und Initiator der ersten Kiwi-Kampagnen im America's Cup in den Jahren 1987, 1988 und 1992 war in die Schweiz übergesiedelt und begeisterte Bertarelli mit seinen spannend vorgetragenen Erinnerungen an das eigene Cup-Engagement. Kurz entschlossen bat Bertarelli sein Gegenüber, ihm beim Kontakt zu *Team New Zealand* behilflich zu sein. Er wollte herausfinden, ob die Neuseeländer nicht eine oder mehrere ihrer Yachten verkaufen würden.

Es war ausgerechnet Sir Michael Fay zu verdanken, dass Russell Coutts Ernesto Bertarelli im April 2000 zum ersten Mal anrief. Das Ziel des damals zweimaligen America's Cup-Triumphators: Er wollte Bertarelli die neuseeländische Siegeryacht von 1995 zur Charter anbieten und so dringend benötigtes Geld für *Team New Zealand* besorgen. Coutts war durchaus bekannt, dass er in Person von Ernesto Bertarelli mit einem der reichsten Schweizer Privatmänner zu tun hatte. Entsprechend gute Chancen hatte er sich für sein Angebot der *NZL 32* ausgerechnet.

Der dynamische Unternehmensboss Bertarelli, immerhin vier Jahre jünger als Coutts, hatte 1996 überraschend schnell die Führung des Unternehmens Serono von seinem Vater nach dessen plötzlicher Krankheit übernehmen müssen. Doch der damals 31-Jährige war erstaunlich gut in die großen Fußstapfen seines Vaters hineingewachsen und vermehrte den Umsatz des Biotechnologie-Konzerns binnen weniger Jahre um ein Vielfaches.

Bertarelli und Coutts einigten sich auf ein Treffen in Genf, wohin Coutts aufgrund der schlechten Stimmung im neuseeländischen Team in sorgenvoller Stimmung einmal um den Globus flog. Er war offenbar so durcheinander, dass er – so wurde später augenzwinkernd berichtet – zunächst aus Versehen nach Zürich flog, um dort festzustellen, dass er in der falschen Stadt gelandet war.

Mit *Team New Zealand* und der erhofften neuen Struktur stand es im April nicht zum Besten. Die geplante Übernahme der Führung *Team New Zealands* durch Coutts, Butterworth und Design-Koordinator Tom Schnackenburg – so hatten sie es einst mit dem auf eigenen Wunsch scheidenden Chef Sir Peter Blake vereinbart – war ins Stocken geraten. Noch immer besaßen die führenden Segler im *Team New Zealand* keine neuen Verträge.

Schlimmer noch: Bereits am 4. März, nur zwei Tage nach dem triumphalen zweiten Cup-Sieg der Kiwis, hatten Richard Green und weitere Mitglieder *Team New Zealands* ohne Einbeziehung von Coutts und Butterworth eine Pressekonferenz anberaumt, auf der sie das neue Protokoll für den America's Cup 2003 vorstellten. Coutts erklärte später: »Wir hätten erwartet, dass man uns vor der öffentlichen Bekanntgabe eines so wichtigen Dokuments in Kenntnis setzt. Außerdem machte Richard Green auf dieser Pressekonferenz klar, dass er keine künftigen Management-Strukturen bestätigen wolle.«

Die fünf Treuhänder *Team New Zealands* waren aus Coutts Sicht alles andere als offen für den Führungswechsel. »Mein Eindruck war«, gab Coutts später zu Protokoll, »dass sie nicht wirklich mit uns verhandeln wollten.« Nach monatelangem Gezerre hinter den Kulissen saß der Frust bei Coutts und Butterworth so tief, dass ihre bislang so unerschütterliche Loyalität zu *Team New Zealand* erste Risse bekam.

Unter diesen Vorzeichen trafen sich Bertarelli und Coutts in Genf. Das gemeinsame Abendessen begann mit Gesprächen über die 95er Siegeryacht *NZL 32*, die im Übrigen ein Jahr später von der weniger finanzkräftigen französischen Cup-Kampagne *Le Défi* zu Trainingszwecken gechartert wurde. Bertarelli jedoch lehnte das Angebot umgehend ab – der Visionär hatte kein Interesse an veralteter Technologie.

Stattdessen kristallisierten sich an diesem Abend im Hotel President Wilson zwei Dinge heraus. Zum einen sprachen Coutts und Bertarelli von Beginn an auf gleicher Wellenlänge. Wie sich später erweisen sollte, markierte dieses Treffen nicht nur den Beginn der erfolgreichsten America's Cup-Partnerschaft im dritten Jahrtausend, sondern auch den Anfang einer echten Männerfreundschaft. Zum anderen erkannten sowohl Coutts als auch Bertarelli erst hier und an diesem Abend die noch in weiter Ferne liegende Möglichkeit, gemeinsam ein Team zu formieren.

Coutts kehrte zwar am nächsten Tag nach Auckland zurück, doch ein Teil seiner Gedanken hatte eine neue Richtung eingeschlagen, die einer 180-Grad-Drehung gleichkam. Zwei Wochen später kam es zum zweiten Treffen. Dieses Mal einigte man sich auf New York, um beiden Parteien eine Hälfte der langen Wegstrecke zwischen Europa und Neuseeland zu ersparen. Vielleicht war es aber auch deshalb New York, weil am Tag zuvor ein Treffen zwischen Coutts und Vertretern des amerikanischen Fernsehsenders ESPN auf dem Programm stand, in dem es um die Fernsehrechte für die nächste Cup-Auflage ging. In einem Telefon-Interview mit dem »New Zealand Herald« sagt Coutts zum Thema Abwerbung neuseeländischer Segler durch ausländische Kampagnen am 4. Mai wahrheitsgemäß: »Was wir wissen, ist, dass aus unserem Team bislang noch keiner gegangen ist.«

Die Essenzen des Telefonats veröffentlicht der »Herald« am 6. Mai. Doch da sah die Segelwelt aus Sicht der Beteiligten längst anders aus. Bertarelli hatte zum geheimen Treffen am Abend des 4. Mai seinen Mitstreiter Bonnefous mitgebracht, Coutts kreuzte mit Butterworth und dem Kanadier John Risley auf, einem der Treuhänder, der ohnehin in Übersee nach Sponsoren für *Team New Zealand* suchte.

Beide Parteien tauschten ihre Visionen in Sachen Cup-Zukunft aus. Bereits zu diesem frühen Zeitpunkt konnte Bertarelli seinen potenziellen neuen Teamführern ein Budget von 55 Millionen Euro garantieren. Das war Wasser auf die ermüdeten Mühlen des erfolgreichsten America's Cup-Duos des vergangenen Jahrzehnts, das daheim in Neuseeland vor lauter Finanzsorgen und personellen Querelen keine klaren Strukturen erkennen geschweige denn formen konnte. Gleichzeitig fanden Coutts und Butterworth in Bertarelli und Bonnefous interessierte wie versierte Zuhörer beim Entwurf ihrer Version einer Traumkampagne. Man war nicht in allen Punkten, aber doch in den wichtigsten einer Meinung. Für Coutts und Butterworth eröffnete sich die Möglichkeit, eine Kampagne nach eigenem Geschmack zu formieren.

»Nach diesem Meeting haben Brad und ich uns dazu entschlossen, *Team New Zealand* zu verlassen. Wir haben Tom Schnackenburg, John Risley, Peter Menzies und Ralph Norris umgehend über die Entscheidung informiert«, erklärte Coutts später.

Am Abend des 4. Mai hatten sich die vier Männer in Manhatten das folgenschwere »Jawort« gegeben, das zwei Wochen später am 18. Mai beim Gang in die Öffentlichkeit in Auckland einen nie dagewesenen Schock im sportbegeisterten kleinen 3-Millionen-Einwohner-Land auslöst.

Ohne unterschriebenen Vertrag in der Tasche und nur mit Bertarellis Wort im Ohr, erklärten Coutts und Butterworth offiziell ihren Abschied von *Team New Zealand*. Es ist der Startschuss zu einer unvergleichlichen Hetz- und Hass-Kampagne gegen die einstigen Segelidole Neuseelands und ihre Weggefährten. Zu leise sind in diesen Tagen die Stimmen jener zurückgelassener Team-Kameraden zu hören, die sich nicht ganz zu Unrecht von ihrem ehemaligen Skipper verraten fühlen, der sie noch bis vor kurzem ums Bleiben und um Ablehnung ausländischer Angebote gebeten hatte. Zu laut und hässlich klingen die Stimmen jener, die beleidigt sind und ihre finanziellen Vorteile durch den Abgang der Galionsfiguren gefährdet sehen.

Die als »Verräter« Gebrandmarkten müssen fortan ihren Kopf für alles herhalten, was in Neuseeland in Sachen Cup schief geht. Mit Coutts war der Kern *Team New Zealands* in die Schweiz gewechselt. Insgesamt wird *Team New Zealand* in den folgenden Monaten 34 Mann an verschiedene Syndikate verlieren, darunter auch Chefdesigner Laurie Davidson, der zur US-Kampagne *OneWorld Challenge* nach Seattle wechselt. Ein Aderlass, der die Kiwis im Februar 2003 tatsächlich den Cup kosten wird.

Für das *Team Alinghi* indes war die Verpflichtung von Coutts und Co. der verheißungsvolle Beginn des Unternehmens America's Cup. Bereits im Juni wurden weitere Gespräche mit potenziellen Kampagnen-Mitgliedern geführt. So entschied maßgeblich Russell Coutts über die Verpflichtung von Chefdesigner Rolf Vrolijk. Sowohl er als auch Brad Butterworth kannten den gebürtigen Niederländer und vor allem dessen schnelle Yachten, auf denen sie in den achtziger und neunziger Jahren viele erfolgreiche Rennen absolviert hatten.

Coutts schätzte Vrolijk immer schon als einzigen internationalen Konstrukteur, der jener geballten Erfolgspräsenz hatte Paroli bieten können, die der neuseeländische Design-Star Bruce Farr mit unzähligen Erfolgen in populären Regatten wie dem Whitbread Round the World Race und seinem Nachfolger Volvo Ocean Race und der geschickt damit verwobenen PR-Maschinerie aufgebaut hatte.

Bei früheren Begegnungen wie etwa im Admiral's Cup 1993, als das deutsche Team überraschend zum vierten Mal gewinnen konnte, hatte sich

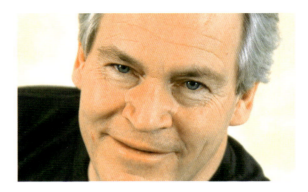

Alinghis Chefdesigner Rolf Vrolijk kam, zeichnete und siegte – ein längst überfälliger Triumph für den Holländer.

Vrolijk stets als teamorientierter und humorvoller Mitstreiter erwiesen, der sogar – ganz anders als Farr oder andere Konstrukteure – selbst auf seinen Yachten im Einsatz war. Zudem galt der segelnde Holländer seit seinem Engagement als Chefkonstrukteur der spanischen America's Cup-Kampagne CADE als durchaus imstande, eine schnelle Cup-Yacht zu zeichnen. Im Sommer 2000 flogen Coutts und Bonnefous nach Hamburg und heuerten den Meister schneller Linien für *Alinghi* an.

Die letzte Schlüsselfigur stieß in Person von Jochen Schümann erst nach den Olympischen Spielen im Oktober 2000 zum Team. Bis dahin hatte Schümann allen Avancen *Alinghis* mit Hinweis auf die benötigte Konzentration für den

Jochen Schümann nach dem Gewinn der olympischen Silbermedaille in Sydney – da hatte er *Alinghi* schon heimlich sein Jawort gegeben.

Olympia-Einsatz Einhalt geboten. Doch Coutts blieb bei der Bearbeitung des von ihm selbst einmal als Vorbild bezeichneten Deutschen hartnäckig. Als persönlicher Coach der amerikanischen Soling-Olympiamannschaft um Steuermann Jeff Madrigali kreuzte er im Olympiahafen von Sydney auf. Er schafft es, Schümann noch vor dem Olympia-Finale, in dem der Berliner im Duell gegen Jesper Bank »nur« Silber aus dem Sydney Harbour fischen konnte, einen Termin abzuringen.

Die beiden Weltklassesegler treffen sich – unbemerkt von anderen Olympioniken und der vor Ort versammelten Weltpresse – im leeren Dachgeschoss des Cruising Yacht Club of Australia. Während unter ihnen im Club-Lokal das olympische Segelleben pulsiert, schmieden die beiden Lenker und Denker, die mehr als nur eine jeweils mit 21 Jahren im Finn-Dinghi gewonnene Goldmedaille verbindet, ihre Pläne wie sonst olympisches Edelmetall. »Bis dahin hatte ich alle seine Anträge weggeschoben«, erinnert sich Schümann später grinsend, »doch dann hat er mich doch gegriffen.« »Wir unterhielten uns über unsere Segelphilosophien und stellten erstaunlich viele Übereinstimmungen fest. Diskrepanzen gab es nicht. Wir besiegelten die künftige Zusammenarbeit mit einem Handschlag.«

Das erste größere Team-Treffen findet im Oktober in Genf statt. Im offiziellen Schweizer Buch »Alinghi« memoriert Ernesto Bertarelli eindringlich die euphorische Aufbruchstimmung der versammelten Männer: »Ich erinnere mich, als wir uns alle zum ersten Team-Meeting in Genf zusammensetzten. Es war wie im Film ›Die glorreichen Sieben‹, in dem die Männer auch einer nach dem anderen zusammenkamen.« *Alinghis* Alpen-Express Erster Klasse kam ins Rollen.

Dabei markierte Genf nur die erste Station auf der langen Reise in Richtung Gipfel. Dort wartete der America's Cup. Es sollte eine aufregende, nicht immer leichte, doch am Ende historisch erfolgreiche Reise werden. Eine Reise, die vor Bertarelli

schon so viele berühmte wie ehrgeizige Männer unternommen hatten. Keinem von ihnen war je vergönnt, was Bertarelli und seinem Team in den Jahren 2002 und 2003 gelang: Die Eidgenossen sollten die älteste und wichtigste Trophäe des Segelsports als erste Europäer gleich im ersten Anlauf gewinnen.

Der Weg auf den Gipfel des Segelsports ist steil und nicht ohne Gefahren, doch *Alinghis* Team (l.) behielt stets den Überblick.

> *Historisch betrachtet, ist der America's Cup ein Schlachtfeld für Intelligenz, Muskeln und Geld.*
> TED TURNER, SKIPPER »Courageous« 1977

ZURÜCK ZU DEN WURZELN:
Ein Törn durch 152 Jahre Cup-Geschichte

Schillernde Persönlichkeiten, Millionen-Budgets, Spionage-Affären, Hochtechnologie und die besten Segelteams der Welt – das ist der Stoff, aus dem America's Cup-Träume seit der Premiere 1851 gemacht sind. »Ich liebe den America's Cup. Er ist mein Leben«, sagt Dennis Conner, der mit vier Cup-Siegen auch zu Beginn des dritten Jahrtausends noch an der Spitze der Rekordgewinner steht. Der Amerikaner hat die legendenreiche Geschichte des Cups seit seinem ersten Einsatz als Startsteuermann der *Courageous* 1974 über drei Jahrzehnte maßgeblich mitbestimmt. Alan Bond, dessen *Australia II* den Cup 1983 als erstes nicht-amerikanisches Syndikat ausgerechnet Dennis Conners Team aus den Händen riss, beschrieb die Magie der Silberkanne einmal so: »Du gehst ins Duell mit den gleichen Chancen wie dein Gegner. Aber dieser Gegner kann der Milliardär Vanderbilt sein. Du bist draußen auf der Regattabahn und sein ganzer Reichtum nützt nichts

Am 22. August 1851 gewinnt der US-Schoner *America* vor der britischen Isle of Wight überraschend den »Hundred Guinea Cup« und legt den Grundstein für die berühmteste Regattaserie der Welt.

Abenteurer, Segelenthusiast und Visionär: John Cox Stevens war der 1. Commodore des New York Yacht Clubs.

Hier ging der britische Hochadel ein und aus (r.): Die Royal Yacht Sqaudron in Cowes auf der Isle of Wight repräsentiert die Herzkammer des europäischen Regattasports.

mehr. Ihr habt den gleichen Wind, die gleiche See und kein Gegner ist dir gegenüber im Vorteil.«

Nun ja, die Sache mit dem nicht vorhandenen Vorteil hat Alan Bond vielleicht nicht bis zu Ende gedacht. Der spielte nämlich von Beginn an die entscheidende Rolle in diesem Segel-Poker um Macht, Ruhm und sportliche Ehre. Am 22. August im Jahre 1851 startete die US-Yacht *America* gegen 14 britische Boote in ein Rennen um die Isle of Wight im Süden Englands. Sie gewann direkt vor den Augen der prominentesten Zuschauerin, Queen Victoria. Eine empfindliche Niederlage für die britische Segelnation, die das Kriegsmotto »Britania rules the waves« bis dahin durchaus auch im Segelsport als Gesetz verstanden hatte. Um Kompensation bemüht, soll die enttäuschte First Lady damals an Bord ihrer königlichen Yacht gefragt haben: »Und wer wurde Zweiter?« Sie bekam die berühmte Antwort, die bis heute im America's Cup unbarmherzige Gültigkeit hat: »Eure Hoheit, es gibt keinen Zweiten!«

Die Amerikaner brachten das glanzvolle Beutestück mit großem Stolz nach Hause. Seinen ersten Platz fand es im Haus von John Cox Stevens in New York. Während sein Bruder Robert zu den brillantesten Eisenbahn-Ingenieuren seiner Zeit zählte und als smarter Geschäftsmann galt, war John Cox vor allem eines: ein leidenschaftlicher Segler. Er hatte 1844 den ersten Yacht-Club der Vereinigten Staaten in New York gegründet und war zu dessen Commodore gewählt worden. Zu dieser Zeit war es den Briten völlig entgangen, dass ihre ehemalige Kolonie ein gesellschaftliches Niveau erreicht hatte, das es ermöglichte, sogar einen Yacht-Club zu gründen. Einer der Fehler, der sich später als teuer erweisen würde.

Fünf Mitglieder des New York Yacht Club gründeten ein Syndikat, um den Bau des 30,86 Meter langen Schoners *America* zu finanzieren. Es sollte eine schnelle und ozeantaugliche Regatta-Yacht werden. Im Vertrag mit der Werft William H. Brown war die Forderung festgehalten, dass diese Yacht nach Fertigstellung die schnellste der Welt sein sollte. Brown unterschied sich in seinem Selbstbewusstsein nicht von vielen anderen Zeitgenossen und erklärte sich bereit, die Yacht zurückzunehmen, wenn sie nicht jedes andere Boot in Amerika schlagen würde. Damit verbun-

den war eine Geld-zurück-Garantie. Nachdem die *America* vom Stapel gelaufen war, wurde sie von *Maria*, der eigenen Yacht von Colonel Stevens, geschlagen. Die jedoch war aufgrund ihrer Konstruktion und der riesigen Segelfläche nicht geeignet, den Atlantik zu überqueren. Das Syndikat erhielt ein Drittel des Preises für die Yacht zurück und setzte die Segel mit Kurs auf England. Die Reise wurde zwar damals von wachsendem Nationalstolz angetrieben, hatte aber aus Sicht der fünf Geschäftsmänner einen ernsthaften finanziellen Hintergrund. Sie wollten Wetten auf Siege ihrer Yacht abschließen und damit Geld verdienen. Nachdem sie die Schwächen der britischen Yachtszene studiert hatten, waren sie bezüglich der Chancen ihrer eigenen Yacht optimistisch. Was aber aus ihrer Sicht nur logisch erschien, war für Außenstehende in dieser Zeit undenkbar. Großbritannien galt als stärkste Seemacht der Welt. Segeln war seit dem 17. Jahrhundert der Sport der Könige von England. So wehte dem Quintett ein steifer Wind ins Gesicht. Auch der amerikanische Außenminister in Paris konstatierte erbarmungslos: »Sie werden sicher verlieren.«

Die Yacht *America* sorgte als Gast im königlich-traditionsreichen Cowes durchaus für Aufsehen. Viele kamen, um sie und vor allem ihre eindrucksvolle Segelfläche zu bestaunen. Allein, Stevens und seine Freunde hatten ein Problem:

Ausländer wurden damals nicht eingeladen, an den Regatten der Royal Yacht Squadron teilzunehmen. So lobte Stevens eine Wette über 10 000 Britische Pfund aus. Es war eine horrende Summe, denn sie entsprach – umgerechnet auf heutige Verhältnisse – etwa fünf Millionen Euro. Trotzdem wollte niemand annehmen. Das britische Establishment zeigte den Vertretern ihrer früheren Kolonie die kalte Schulter.

Da mischte sich die Presse mit drastischen Kommentaren und fordernden Schlagzeilen ein. Die »Times« höhnte: »Wollen wir diese Fremden wirklich in die Neue Welt zurückreisen und dort erzählen lassen, dass sie England, Irland und Schottland den Fehdehandschuh hingeworfen hätten, niemand ihn aber aufnehmen wollte?« Schließlich sah sich die Royal Yacht Squadron unter dem zunehmenden öffentlichen Druck genötigt, eine »für alle Nationen offene Regatta« auszuschreiben. Es sollte die erste internationale Regatta der Welt werden.

Am 22. August 1851 fiel der Startschuss für die *America* und ihre 14 britischen Gegner. Der Kurs sollte die Flotte einmal um die Isle of Wight führen. Dabei sollte das Nab-Feuerschiff (heute: Nab-Leuchtturm) auf der Steuerbordseite gerundet werden. Die Amerikaner jedoch hielten sich mit dem Umweg über Nab nicht lange auf, sondern nahmen die Abkürzung. Sie erklärten später, dass man ihnen keine Segelanweisungen gegeben hätte.

Trotz dieses Vorteils waren sie nur dritte, als sie den Ostzipfel der Isle of Wight rundeten. Doch dann lief die führende Yacht auf Grund und die zweitplatzierte eilte ihr zu Hilfe. Freie Fahrt für die *America*, die das Rennen mit rund 20 Minuten Vorsprung gewann. Hätte eine Handicap-Regel gegriffen wie etwa jene, die damals vom New York Yacht Club selbst angewandt wurde, dann hätte sich die *America* in den Niederungen des Klassements wiedergefunden. Hätte jemand gegen die dreiste Abkürzung der Amerikaner im Kursverlauf protestiert, dann wäre sie vermutlich disqualifiziert worden. Doch »hätte« hat im America's Cup noch weniger Gültigkeit als anderswo. Und America's Cup-Regeln heutigen Umfangs gab es natürlich nicht.

Nachdem die Männer an Bord der *America* beim Passieren der königlichen Yacht ihre Mützen zu Ehren der Queen vom Kopf genommen hatten und Victoria bei sich gedacht haben muss, dass diese Herren aus der einst so rebellischen Kolonie offenbar doch Gentlemen sein müssten, nahm sie eine Einladung zur Besichtigung der *America* an. Sie bewunderte ihre Ausrüstung und ihre Ausstattung und fand nicht ein Körnchen Staub, als sie heimlich mit ihrem Taschentuch über ein Regal fuhr. Tatsächlich gelang es dem US-Syndikat, die Yacht noch vor der Rückreise nach New York zu verkaufen und einen anständigen Profit aus dem Projekt zu schlagen. Und beinahe – welch schreckliche Vorstellung für alle

Prunkvoll und stilecht – ein Blick in den Showroom des New York Yacht Clubs in den zwanziger Jahren.

späteren Cup-Anhänger und Jäger – hätten die enthusiastischen Amerikaner den 100 Guinea Cup eingeschmolzen, um sich aus den 132 Unzen Silber schöne Erinnerungsmedaillen fertigen zu lassen. Glücklicherweise widerstanden sie dieser Versuchung und übergaben den Cup dem New York Yacht Club, wo er augenblicklich einen

Zum Vergleich ein aktuelles Foto aus dem Jahr 2003: Noch immer sorgen die gleichen Glasvitrinen, die mehr als 2000 Modelle und das antike Mobiliar für ein maritimes Edel-Ambiente.

Ehrenplatz in einem eigens für ihn konstruierten runden Salon erhielt.

Mit ihrem Sieg hatten die Gentlemen weit mehr als nur einen sportlichen und geschäftlichen Erfolg gelandet. Sie hatten Amerikas Heranwachsen zur neuen Weltmacht mit einem dicken Ausrufezeichen versehen, während man sich in England die Wunden leckte. Im britischen Unterhaus wurden unaufhörlich Fragen nach den Gründen dieser nationalen Blamage gestellt. Wie es der reichsten Nation der Welt passieren konnte, sich der Lächerlichkeit preiszugeben? Wie es angehen könne, dass das Land mit der stärksten Marine der Welt in eigenen Gewässern in Grund und Boden hatte gesegelt werden können? Und das alles noch direkt vor den Augen der Königin und der gesammelten Aristokratie? Und schlimmer noch: Wie hatte das Husarenstück einer Gruppe Republikaner aus einer der ehemaligen Kolonien gelingen können? Das mächtige Empire zeigte sich erschüttert. Man war »not amused«. Tatsächlich aber war Großbritannien nicht mehr als ein Opfer einer perfekten PR-Kampagne geworden. Es ging dabei weder um ein Produkt noch um eine Marke. Vielmehr ging es – und das ist in mancher Hinsicht bis heute so geblieben – um das Image einer ganzen Nation. Zwar wurde die amerikanische Unabhängigkeit bereits 1776 gefeiert, doch die Erkenntnis der technologischen Entwicklung dieses Landes wurde vielen tatsächlich erst an diesem verhängnisvollen 22. August 1851

Eine Radierung von *Cambria*, die während der Überführung nach New York auf dem Atlantik in schweres Wetter geraten ist.

klar. Auch dadurch erhielt der Cup seinen legendären Status. Er war so von Beginn an etwas wie ein heiliger Gral, der die technische Überlegenheit eines Landes in einer nur scheinbar nebensächlichen Sportart zu demonstrieren vermochte.

Dabei sollte nicht vergessen werden, dass diese erste Regatta, die in allen Geschichtsbüchern als Wurzel des America's Cup bezeichnet wird, tatsächlich den Titel »Royal Yacht Squadron Regatta – Her Majesty's Cup« trug. Sie war nur deshalb so anders als alle anderen Wettfahrten dieser Zeit, weil gegen sämtliche Gepflogenheiten im ausgehenden 19. Jahrhundert eine amerikanische Yacht hatte teilnehmen dürfen und das Rennen auf eigenwillige Weise gewann.

Zurück in den USA, offerierten die Mitglieder der *America*-Kampagne in einem Brief an den New York Yacht Club Folgendes: »Der Cup wird dem New York Yacht Club übergeben… Jeder organisierte Verein einer anderen Nation soll immer das Recht haben, durch eines oder mehrere seiner Mitglieder das Recht zu erwerben, mit einer Yacht oder einem anderen Schiff von nicht unter 30 und nicht über 300 Tonnen Gewicht ein Match um den Cup segeln zu können. Die Vermessung soll auf Grundlage des üblichen Zoll-Reglements des Landes vorgenommen werden, aus dem das Schiff kommt… Der Cup soll nicht zum Eigentum des Clubs oder seiner Mitglieder oder der Eigner der Yacht, die das Match gewinnt, werden. Die Bedingung, dass er [der Cup] – unter den oben genannten Rahmenbedingungen – offen zur Herausforderung für Yacht-Clubs aus allen Nationen bleibt, soll für immer mit ihm verbunden sein, um ihn auf ewig zu einem Herausforderer-Cup für den freundschaftlichen Wettbewerb zwischen Ländern zu machen.«

Mit diesen Sätzen war die viel zitierte, immer wieder neu interpretierte und oft umstrittene »Deed of Gift«, die Stiftungsurkunde, geboren. Dabei blieb der Cup in der Urkunde namenlos. Weil er aber vom Schoner *America* gewonnen worden war, nannte man ihn fortan – und das erst seit seiner zweiten Auflage im Jahr 1870 – America's Cup. Einer der vielen kleinen und großen Irrtümer in der Cup-Historie. Bislang jedoch spricht der Lauf der Geschichte für diesen Namen, denn in den 151 Jahren und in insgesamt 30 Cup-Auflagen konnten amerikanische Syndikate das Objekt ihrer Begierde 27-Mal gewinnen. Als Seriensieger hält der New York Yacht Club einen in der Sportgeschichte einzigartigen Rekord: Die heute aufgrund der notwendigen Millionen-Budgets spaßeshalber bodenlose Kanne genannte Trophäe

Der kleine amerikanische Kielschwerter *Magic* gewann 1870 gegen *Cambria* das erste Duell, in dem es offiziell um den America's Cup ging.

war von 1851 bis 1983 ohne Unterbrechung im Besitz des prominenten Vereins.

Die 1851 noch als 100 Guinea Cup bekannte und nach ihrem originalen Kostenpreis benannte Trophäe wurde vom Londoner Juwelier Robert Garrard 1848 für die Marquess of Anglesey entworfen, die sie ihrerseits dem britischen Traditionsclub Royal Yacht Squadron als Regatta-Pokal stiftete. Die aus reinem Sterling-Silber gefertigte Kanne wog damals 533 Gramm und war 69 Zentimeter hoch. Sie wurde inzwischen mehrfach verändert und misst heute vom Sockel bis zur Oberkante der verschnörkelten Kanne 109,5 Zentimeter, ist 17,7 Kilogramm schwer und hat einen Anteil von 92,2 Prozent Silber. Wer ihn in den letzten Jahren heben durfte, konnte wie Jochen Schümann feststellen: »Der ist so schwer wie es ist, ihn zu gewinnen.«

Den zweiten Teil dieser Aussage dürften die Heerscharen gescheiterter Herausforderer aus den Jahren 1870 bis 1983 bestätigen können. Es gelang 132 Jahre lang weder dem ersten britischen Herausforderer James Ashbury noch seinen prominenten Nachfolgern, den Amerikanern »ihren« Cup zu entreißen. Während in heutigen Zeiten zehn bis 15 Herausforderer gegen einen Verteidiger antreten, traf Ashbury 1870 mit seinem 33 Meter langen Schoner *Cambria* als einziger Herausforderer auf 23 US-Yachten, unter denen Franklin Osgoods 26 Meter lange *Magic* schließlich die schnellste war. Ashbury unternahm 1871 einen zweiten Anlauf mit der 127 Fuß langen *Livonia*. Dieses Mal sorgte er für heftige Diskussionen, weil er es öffentlich als ungerecht und unsportlich anprangerte, dass er gegen die gesamte Flotte des New York Yacht Clubs anzutreten hätte. Ashbury bemühte sogar seine Anwälte, die Stiftungsurkunde zu durchleuchten. Tatsächlich gab der New York Yacht Club insoweit nach, dass er sich mit einem Match-Race zwischen nur zwei Booten einverstanden erklärte. Doch natürlich hielt man sich mit einem Zusatz alle Türen offen: Den Amerikanern war es gestattet, ihre Yacht von Tag zu Tag und je nach Wetterlage neu zu bestimmen. Also gewann der Leichtwind-Schoner *Columbia* das erste Rennen und siegte auch im zweiten, nachdem die Kursangaben einmal mehr zu Konfusion beim Herausforderer führten, während die Verteidiger schlicht den kürzesten Weg wählten und später für korrekt erklärten. Die Serie wurde in dieser Art fortgesetzt und endete – so hatte Ashbury gezählt – mit vier von sieben gewonnenen Rennen für *Livonia*. Der New York Yacht Club aber ignorierte die Ansprüche des Briten. Ashbury kehrte mit leeren Händen zurück nach Großbritannien und emigrierte später nach Neuseeland, um dort eine Schafzucht aufzubauen.

Eine neue Ära läutete zwischen 1899 und 1930 der irische Tee-Baron Sir Thomas Lipton ein, der mit seiner Hartnäckigkeit zwar die Herzen der damaligen Segelwelt eroberte, den Cup aber nie gewinnen sollte. Sir Thomas Lipton war der erste Eigner, der mit seinem Engagement auch direkte geschäftliche Erfolge für seine Produkte zu erzielen hoffte. Der bei seiner Premiere 51-jährige Herausforderer hatte seine Karriere als Aushilfe in einem Lebensmittelgeschäft begonnen und es später als Geschäftsmann im Teehandel weit gebracht.

Während es für die Amerikaner im Cup nur ein Ziel gab – seine Verteidigung –, war Lipton vor allem am Aufbau guter Beziehungen zu den USA und dem Ausbau seiner Teegeschäfte gelegen. Der Beweis der Nachhaltigkeit von Liptons konsequenter Cup-Attitude: Der Tee seiner Marke ist bis heute der meist getrunkene in Amerika. Doch auf dem Wasser konnte er nichts gegen die Yachten ausrichten, die aus der brillanten Feder von Nathanael G. Herreshoff stammten. Sir Thomas Lipton verlor alle fünf Herausforderungen.

Zwar zeichnete der legendäre William Fife für Liptons 39 Meter lange *Shamrock I* verantwort-

Erfolg »Made in America«: Der US-Konstrukteur Nathanael Green Herreshoff konstruierte insgesamt sechs siegreiche Verteidiger-Yachten.

Der vielleicht größte America's Cup-Enthusiast aller Zeiten an Bord seiner Dampfyacht *Erin*: Sir Thomas Lipton forderte die Amerikaner zwischen 1899 und 1930 fünf Mal vergebens zum Duell.

Die US-Yacht *Columbia* (rechts) mit Skipper Charles Barr besiegte 1901 die britische *Shamrock II* von Sir Thomas Lipton mit 3:0 (folgende Doppelseite).

Liptons knappste Niederlage: *Shamrock IV* (unten) verlor 1920 nach einer 2:0-Führung doch noch mit 2:3 gegen Verteidigerin *Resolute*.

Alan Bond mit Silberkanne am Ziel seiner Träume: Der Australier und seine Mannschaft um Skipper John Bertrand (ganz links) entreißen den Amerikanern nach 132 Jahren am 27. September 1983 erstmals den America's Cup.

lich, doch die Amerikaner waren bei etwa vergleichbarem Geschwindigkeitspotenzial von *Shamrock I* und der US-Verteidigerin *Columbia* einfach die besseren Segler. Im Alter von 80 Jahren verlor Lipton mit seiner *Shamrock V* gegen die amerikanische Yacht mit Harold Vanderbilt. Liptons fünfte Abfuhr. Wäre der britische Tee-König nicht ein Jahr später unerwartet verstorben, so hätte seine inzwischen international bekannte Besessenheit vom Cup vielleicht noch zum sechsten Anlauf geführt. Über seine Cup-Leidenschaft hatte Sir Thomas Lipton kurz vor seinem Tod die bis heute für viele Herausforderer gültigen Worte formuliert: »Der Cup hat mich jung, ehrgeizig, heiter und hoffnungsfroh gehalten.«

Es war trotz der 132-jährigen Siegesserie immer klar, dass sogar der mit dem Nimbus der »Unbesiegbarkeit« geadelte New Yacht Yacht Club irgendwann einmal geschlagen werden würde. Diesen Meilenstein haben die Australier 1983 gelegt. Dabei gewannen sie an gleich drei Fronten: Im Juristenstreit gelang es Kampagnenführer Alan Bond, sämtliche Attacken der Amerikaner gegen den Kiel seiner Yacht *Australia II* abzuwettern. Als Folge dieses Sieges flogen Bonds Team mit Skipper John Bertrand die Herzen der Öffentlichkeit zu. Die Zeit war reif für einen Wechsel, der sich auf dem Wasser zwar schwierig, letztlich aber mit 4:3 erfolgreich gestalten sollte.

Das Match begann am 13. September 1983 mit einem Flautenausfall. Am 14. September punktete Dennis Conners *Liberty* zum ersten Mal. Am 15. September stand es 2:0 für den New York Yacht Club. Den 16. September machten die Australier den Regeln entsprechend zu einem gewählten Ruhetag. Das Rennen am 17. September endete ohne Ergebnis, weil die Yachten bei Führung von *Australia II* in einem Leichtwind-Duell das Zeitlimit überschritten. Am 18. September schließlich verkürzten die Australier auf 1:2. Logisch, dass die Amerikaner am 19. September ihrerseits eine Auszeit nahmen. Als hätte es sich gelohnt, führte *Liberty* am Abend des 20. Septembers 3:1. Ein Sieg noch fehlte zum erneuten Triumph. Doch die Amerikaner bekamen am 21. September schon vor dem Start Rigg-Probleme. Die Reparatur hält nicht bis zum Ende des Rennens. *Australia II* verkürzt auf 2:3 und die Welt witterte eine Sensation. Am 22. September sorgte der australische Ausgleich zum 3:3 für internationale America's Cup-Schlagzeilen.

Erstaunlicherweise baten die Australier für den 23. September erneut um einen Ruhetag. Wie zur Strafe sorgt am 24. September eine Flaute für den zweiten Wetterausfall. Die Amerikaner setzten noch eins drauf und nahmen am 25. September ihre zweite Auszeit. Es sollte ihnen nichts nützen. Der 26. September geht in die Sportgeschichte ein. Nachdem *Liberty* bei leichten Winden über weite Strecken führt, gelingt *Australia II* auf dem letzten Vorwind-Kurs ein legendäres Überholmanöver, das Down Under für eine Weile zur neuen Segelsupermacht erwachsen lässt.

Für die Amerikaner war es ein Schock, den eine Beobachterin am Finaltag nach dem australischen Sieg so beschrieb: »Die endlose Rückfahrt der Zuschauerflotte vom 88. Rennen um den America's Cup zurück in den Hafen von Newport war tatsächlich mehr eine Begräbnis-Prozession, die von grimmigen Gesichtern und dem üblen Gefühl in der Magengegend sämtlicher Mitglieder im Cockpit charakterisiert war, die zutiefst von dem schockiert waren, was soeben passiert war. Keine lebende Person hatte den New York Yacht Club jemals ohne den America's Cup gekannt; wie konnten wir nun, da der Cup ging, handeln und fühlen, außer traurig und wie betäubt zu sein?«

Das süße Gefühl des Sieges aber durften die Australier nicht lange genießen. Nur bis 1987. Dann nahm Dennis Conner Revanche für die furchtbare Schmach, als erster Amerikaner nach 132 Jahren den Cup verloren zu haben. Sein Syndikat bietet auf, was Amerika zu bieten hat: Conner lässt mithilfe von Boeing und NASA vier neue Yachten bauen – ein sogar für heutige Zeiten

Dennis Conners Comeback: Vier Jahre nach der schmerzlichen Niederlage holt er sich 1987 »seinen« America's Cup vor Fremantle von den Australiern zurück.

kaum vorstellbar großer Einsatz. Das Training verlegt er nach Hawaii, weil die stürmischen Winde dort am ehesten jenen vorherrschenden Starkwinden an der australischen Küste entsprechen.

Seine dieses Mal vom San Diego Yacht Club geführte Kampagne *Stars & Stripes* lässt der australischen *Kookaburra III* beim Endstand von 4:0 keine Chance. Trotzdem zählt die australische Auflage des America's Cup bis heute zu den spektakulärsten und fröhlichsten. Zuschauermassen genossen das kraftstrotzende Schauspiel, das ihnen die Zwölfer bei ihrem Kampf in starken Winden boten. Segler träumen bis heute von einer Neuauflage dieses Segelklassikers, dessen Triumphator am Ende wieder einmal Dennis Conner hieß. »Big Dennis« hat sich den Cup mit rund 16 Millionen US-Dollar Budget direkt zurückgeholt.

Unvergessen bleiben die Schlagzeilen von damals, die sogar die deutsche Tagespresse beschäftigten. Die »Süddeutsche Zeitung« titelte am 5. Februar 1987 auf ihrer Sportseite: »Airforce Number One holt den America's Cup heim«. US-Präsident Reagan ließ die siegreiche Crew Conners aus Fremantle direkt nach Washington zum Empfang ins Weiße Haus fliegen. Nachdem man die Einschaltquoten der Übertragungen der Cup-Matches in Australien auf 65 und in Amerika immerhin noch auf 45 Prozent geschätzt hatte, wollte der Erste Mann Amerikas sich in einer Reihe mit den Nationalhelden im Silberglanz des Cups sonnen. Für den New York Yacht Club indes kam Conners Sieg einer weiteren Ohrfeige gleich. Die New Yorker mussten zusehen, wie das Objekt ihrer Begierde zwar wieder nach Amerika, jedoch an New York vorbei in Richtung Kalifornien reiste.

Weil es dort im San Diego Yacht Club aber an Erfahrung und schnellem Reaktionsvermögen mangelte, gelang es dem Neuseeländer Michael Fay, die Amerikaner mit einer ungewöhnlichen Blitz-Herausforderung zu überraschen. Der Mann, der Neuseelands Wurzeln im America's Cup-Geschäft 1988 pflanzte, schreckte Conner und Co. mit seinem »Weißen Riesen« und dessen Flügelkiel auf.

Mit der 37,50 Meter langen *New Zealand* und nicht etwa mit einem konventionellen Zwölfer wollten die Kiwis den Cup aus Kalifornien entführen. Dabei nutzten die Neuseeländer ein klaffendes Loch in der Stiftungsurkunde »Deed of Gift«, die zwar nach der Zwangspause während des Zweiten Weltkrieges und darüber hinaus (1937 bis 1958) geändert worden war, doch dies nur lückenhaft. Zwar hatte man 1956 die Minimum-Wasserlinie so formuliert, dass Zwölfer ins Reglement passen, dabei jedoch vergessen, die Maximum-Wasserlinie anzupassen. Die originale Stiftungsurkunde aber sah vor, dass Yachten, die um den Cup segeln, »an der Wasserlinie nicht mehr als 90 Fuß (27,40 Meter) lang sind, wenn sie

Der »Weiße Riese«: Sir Michael Fays überraschende Herausforderung sorgt für das berühmt-berüchtigte »Mis-Match«, das Dennis Conners Katamaran *Stars & Stripes* 1988 gewinnt.

»Mr. America's Cup«: Dennis Conner gewann die Silberkanne vier Mal. Der Cup ist die Passion seines Lebens.

einen Mast haben«. Aus 27,40 Metern an der Wasserlinie zauberte Fays Konstrukteur, der damals aufgehende Design-Star Bruce Farr, ein insgesamt 37,50 Meter langes Rennboot. Der San Diego Yacht Club weigerte sich, eine ähnliche Yacht zu konstruieren und zerrte Fay vor Gericht. Doch sämtliche Aktivitäten der Neuseeländer wurden für legal erklärt. Weil es aber keine anderen Vorschriften als die bezüglich der Wasserlänge gab, fiel den Amerikanern und ihrem Design-Starensemble mit Britton Chance, Dave Hubbard, Duncan McLane, Gino Morelli, Bruce Nelson und Bernard Nivelt eine andere Antwort ein. Sie ließen einen 18,30 Meter langen Katamaran bauen. Flugs ging es wieder vor Gericht. Dieses Mal wollte Fay die Amerikaner noch vor Cup-Beginn am grünen Tisch aus dem Rennen werfen. Doch auch in diesem Fall konnten die Juristen in der ungenauen Stiftungsurkunde keinen Beweis für die Illegalität des Kats finden.

Das berühmte »Mis-Match« nahm 1987 seinen Lauf. Mit erwartetem Ergebnis: Mit zwei rasanten Kufen segelten Dennis Conner und der San Diego Yacht Club die Neuseeländer mit 2:0 in Grund und Boden. Der Katamaran *Stars & Stripes* gewann ein Rennen mit 18 Minuten und 15 Sekunden, das zweite mit 21 Minuten und 10 Sekunden Vorsprung. Das absurde Duell fügte dem Image des America's Cup enormen Schaden zu und ließ seine Fans um die Zukunft bangen.

Es schien die Zeit für ein neues Reglement gekommen zu sein. 1992 wurde die Internationale America's Cup-Klasse (IACC) eingeführt, die bis heute – immer wieder modifiziert und modernisiert – Gültigkeit hat.

Insgesamt residierte der Cup acht Jahre im sonnigen Süden der USA. Zweimal konnte er erfolgreich verteidigt werden. Zuletzt gelang das 1992 dem amerikanischen Milliardär Bill Koch, dessen Team auf *America*[3] Raul Gardinis elegante *Il Moro di Venezia* schlug, die ihrerseits für eine neue überaus glanzvolle Azzurri-Atmosphäre im Cup sorgte. Es war das vorerst letzte Mal, dass amerikanische Technologie triumphieren sollte. Koch, der zwar nicht als schwarzes Schaf, doch zumindest als äußerst eigenwilliger Querdenker und Quereinsteiger der amerikanischen Segelszene galt, hatte sein Geld einem Team aus Yachtkonstrukteuren und Wissenschaftlern anvertraut, die teilweise aus der Luft-

und Raumfahrtindustrie kamen. Gegen ihr Können vermochten die Italiener trotz großzügigen Budgets in Höhe von rund 50 Millionen US-Dollar nichts auszurichten.

Eine neue Ära begann, als die Neuseeländer als zweite nicht-amerikanische Nation 1995 triumphierten. Sie marschierten durch die Herausforderer-Runde und die Cup-Duelle, als wäre es ein Hürdenlauf ohne Hürden. Das gleiche Kunststück wiederholten sie im Jahr 2000 als Verteidiger in eigenen Gewässern unter Leitung des 2001 von Piraten im Amazonas ermordeten Sir Peter Blake und Skipper Russell Coutts. *Black Magic* hieß die Formel, die den Erfolg des kleinen Landes möglich machte. *Black Magic* stand damals für alles Gute aus Neuseeland. Herausforderer *Prada*, der Neuseeland eine nie dagewesene und bis heute anhaltende Italo-Welle bescherte, war nach herausragender Herausforderrunde matt und müde in das Cup-Finale gegen die Kiwis eingezogen und wurde von Coutts und Co. eiskalt mit 5:0 vom Kurs gejagt. Immerhin aber sorgten die Italiener für eine neue sportliche Bestmarke, die den Amerikanern bis heute schwer auf den Magen drückt: Zum ersten Mal nach 149 Jahren hatte es kein US-Team ins Finale um den Cup geschafft.

Auch die Neuseeländer feierten eine weitere Weltpremiere, denn zuvor war es keiner Nation außer den Amerikanern gelungen, den Cup nicht nur zu gewinnen, sondern ihn in Folge auch zu verteidigen. Mit dem Doppelsieg ging ein neuer Stern am Segelhimmel auf, der zu Beginn des dritten Jahrtausends heller leuchtet als alle anderen. Russell Coutts ist der Cup-Meister seiner Generation. Und mehr noch, er ist seit seinem Sieg mit dem Schweizer Alpen-Express *Alinghi* auch der erfolgreichste America's Cup-Steuermann aller Zeiten, überflügelte er doch im Verlauf des 31. Match um den America's Cup vor Auckland alle jemals aufgestellten Rekorde. Fast alle, denn ungeschlagen sind bis dato die vier Cup-Siege Conners. Zwar hat Coutts mehr einzelne Rennen gewonnen als der Altmeister, doch an Gesamtsiegen hat Conner die Bugspitze noch vorn. 2002 steht es zwischen Conner und Coutts 4:3. Bis zur 32. Auflage im Jahr 2007 wird sich daran nichts ändern. Aber dann...

Nachzutragen bleibt ein weiterer schwarzer Fleck auf der schillernd bunten Cup-Weste: 1997 sorgte Benjamin Piri Nathan für einen so ungewöhnlichen wie dramatischen Höhepunkt in der Geschichte des Cups: Der Maori hatte sich Zugang zum Objekt der Begierde verschafft, das – schlecht geschützt – in der Royal New Zealand Yacht Squadron in Auckland zu besichtigen war. Mit einem Vorschlaghammer und reichlich angeblich politisch motivierter Wut im Bauch hämmerte Piri auf die Kanne ein. Der Randalierer wurde später verurteilt und wanderte ins Gefängnis. Die traurigen Überreste des Cups dagegen wurden auf einem eigenen Sitz Erster

Triumph von Präzision und Teamwork: *Alinghis* Mannschaft feiert den America's Cup-Sieg am 2. März 2003. Jochen Schümann reißt jubelnd die Arme in den Himmel über Auckland.

Klasse nach London zum Juwelier Garrads geflogen. Die Spezialisten gaben später zu, dass der spontane Blick auf den zerstörten Cup sie so schockiert hätte, dass sie – wäre es ein Auto gewesen – es sofort verschrottet hätten. Da es sich aber nun einmal um den America's Cup handelte, investierten die Silberschmiede kostenlos drei Monate hingebungsvoller Arbeit, um dem verschnörkelten Prunkstück seinen einstigen Glanz wiederzuverleihen.

Dass sie ganze Arbeit geleistet haben, konnten am 2. März 2003 Millionen Menschen an ihren Fernsehbildschirmen verfolgen, als *Alinghis* Boss Ernesto Bertarelli, Skipper Russell Coutts, Taktiker Brad Butterworth, Sportdirektor Jochen Schümann und die ganze Mannschaft das »ganz schön schwere Ding« nacheinander glückstrahlend in den Himmel hoben. Das Schweizer Team hat einen uralten Traum wahr werden lassen: »The Cup is coming home« – der Cup kommt nach Hause. Die 32. Auflage des America's Cup wird 2007 in Europa stattfinden. Zum ersten Mal seit der Cup-Premiere. Zum ersten Mal seit dann 156 Jahren. Wen konnte angesichts dieser Tatsache die Welle der Euphorie verwundern, die im Frühjahr 2003 nach *Alinghis* Sieg über Europa hinwegrollte? Die neue Ära des Cups hat begonnen. Es geht zurück in die Zukunft.

*Sein oder Nichtsein,
das ist hier die Frage.*
WILLIAM SHAKESPEARE

EINER WIRD GEWINNEN:
Zehn Kampagnen träumen vom Cup

Der 2. März ist ein Datum, das für die neuseeländische Segelnation gleichermaßen Triumph und Trauer symbolisiert. Exakt am gleichen Tag wie drei Jahre später am Ende des 31. Match um den America's Cup markierte der 2. März auch schon bei seiner 30. Auflage im Jahr 2000 den triumphalen Schlusspunkt für die Sieger, die dieses Mal noch aus Neuseeland kamen. Gemeinsam und strahlend vor Glück hoben an diesem sonnigen Nachmittag in Auckland *Black Magic*-Skipper Russell Coutts und sein junger Geselle Dean Barker das Objekt ihrer Begierde in den sonst so oft wolkenverhangenen, an diesem Tag aber strahlend blauen Himmel über der »City of Sails«. Es sollte das letzte Mal sein, dass Coutts und Barker Seite an Seite Hand an die Trophäe legten.

Coutts hat damals Barker das finale und entscheidende Rennen zum 5:0-Sieg für Team New Zealand über die entzauberte italienische *Prada-Challenge* steuern lassen. Eine große Geste – so attestierten es die meisten Fans ihrem Idol. Eine Heuchelei, so hingegen behaupteten vereinzelte böse Zungen. Hätte der damals 27-jährige zweite Mann im Team den sicheren Matchball nicht verwandelt, hätte er seine gerade begonnene Karriere vermutlich als Versager beenden müssen. So aber hatte Neuseeland plötzlich zwei Helden. Eine Ausgangsbasis, die sich nur wenige Monate später im Mai als äußerst hilfreich erweisen sollte...

Am gleichen Tag noch, am Tag der schmerzlichen Niederlage, hatte *Prada*-Patriarch Patrizio Bertelli beschlossen, den steilen Berg hinauf zum Cup-Gewinn, von dem er soeben kurz vor dem Ziel in wenig ruhmreicher Art und Weise abgestürzt war, noch einmal zu erklimmen. Im Inneren des mächtigen Modemanagers, der sich äußerlich gefasst, souverän und dem Sieger gegenüber lobend gibt, brodelt es wie in einem Vulkan. »Wir werden wiederkommen«, kündigt er an, und Insider wissen, was das bedeutet: Bertelli würde nichts unversucht lassen und keine Kosten scheuen, um das Objekt seiner Begierde doch noch zu gewinnen. Wenn schon nicht bei der Premiere der *Prada*-Challenge, dann eben im zweiten Anlauf. Mit Taten setzt Bertelli ein Ausrufezeichen hinter seine Worte: *Prada* wird neuer Challenger of Record und damit wichtigster Verhandlungspartner des alten und neuen Cup-Verteidigers *Team New Zealand* und Sprachrohr aller kommender Herausforderer-Syndikate. Fast 100 Millionen Euro stehen für den zweiten Versuch zur Verfügung.

Bis zur nächsten Auflage und dem Start in die Herausforderer-Serie um den Louis Vuitton Cup sind es nur zweieinhalb Jahre-eine im historischen Vergleich betrachtet eher kurze Zeit. Eile ist geboten im Kampf um die besten Startvoraussetzungen. Wer beim nächsten Mal die Bugspitze vorne haben will, muss vor allem jetzt den Personal-Poker um die besten Segler gewinnen. »Die Hardware in Form alter Yachten oder anderer Ausrüstung wird zweitrangig, wenn du dir die beste Software sichern kannst«, so formulierte es Tim Kröger, der ein Jahr später selbst ein überraschendes Angebot der französischen Herausforderung *Le Défi* erhalten sollte, »und diese Software sind Menschen, Menschen und nochmals Menschen.«

Die Folgen dieser Erkenntnis bekommt in erster Linie *Team New Zealand* zu spüren. Mehr als ein geschlagener Gegner der Kiwis schwenkte um auf den neuen Trend-Kurs: »If you can't beat then join them.« Die Devise der Wettbewerber: Wenn die Neuseeländer nicht zu schlagen sind, dann muss man sie eben abwerben und für die eigene Kampagne rekrutieren.

Die Situation auf dem Personalmarkt wurde den internationalen Kampagnen noch wesentlich dadurch erleichtert, dass im *Team New Zealand*

Kommödie oder Tragödie? *Pradas* Boss Patrizio Bertelli hatte bei seinem zweiten Cup-Einsatz wenig zu Lachen, feuerte seinen Stardesigner Doug Peterson nach dem ersten Rennen und musste als Titelverteidiger bereits im Halbfinale des Louis Vuitton Cup »Ciao« sagen.

der Haussegen auf anrührend traurige Weise schief hing. Was zur größten Straßenparty seit der Siegerfeier 1995 mit mehr als einer Million Menschen in Aucklands Innenstadt hatte werden sollen, verkam am Abend des zweiten Cup-Triumphs beinahe zur Trauerfeier. Von Brad Butterworth stammt das fast schon legendäre wie gleichermaßen erschütternde Zitat: »Die Nacht des

Erlebte Himmel und Hölle in der Vorrunde: Mascalzone Latinos Initiator Vincenzo Onorato kam als Außenseiter und ging als fairer Verlierer.

Spannendes Spinnaker-Duell auf dem Hauraki-Golf: *Le Défi* führt gegen die britische *Wight Lightning*.

Sieges hätte eine der schönsten in meinem Leben sein sollen...« Stattdessen machte sich die Ernüchterung so schnell breit wie ein aufziehendes Gewitter.

Es gab keine Aufbruchstimmung. Es gab keine Anschlussverträge für die Teammitglieder. Es gab keine neue Perspektive. Und es gab keine neue Führungsstruktur. Es gab nur eines: Unendlich viele Sorgen, was die Zukunft *Team New Zealands* betraf. Sichtlich von dieser negativen Grundstimmung geprägt, mutierten viele der vormals durchweg hundertprozentig loyalen neuseeländischen Segler zu leichter Beute für ausländische Höchstbieter.

Der Schutzwall, den Coutts, Butterworth und andere noch nicht wieder fest etablierte Führungspersönlichkeiten aus Patriotismus, Pflichtgefühl und Ehre auszubauen suchten, hielt dem Ansturm eifrig werbender Kampagnen aus Übersee nur wenige Monate stand. Mit dem überraschenden Abgang von Coutts und Butterworth selbst wurde der ungesicherte Wall von der Flut an Angeboten einfach überrollt.

Binnen weniger Monate sind 34 neuseeländische Segler an- und sogar aktiv abgeworben worden. Nur die wenigsten unter ihnen waren auch vorher schon für andere Kampagnen im Einsatz. Während fünf der kommenden Herausforderer – namentlich die Außenseiter *Mascalzone Latino* (Italien), *Le Défi Areva* (Frankreich), *GBR Challenge* (Großbritannien), *Victory Challenge* (Schweden) und *Team Dennis Conner* (USA) – über insgesamt gerade mal einen Kiwi verfügen, verteilt sich die Mehrheit der begehrten Profis auf jene aussichtsreichen Syndikate, die sich später tatsächlich im Halbfinale um den Louis Vuitton Cup wiedertreffen sollten. Ein Zufall?

Nicht allen Teams geht es in der Vorbereitungszeit so gut wie der *Alinghi Challenge*, von der man kaum etwas hört. Stille Wasser sind tief-tiefer noch als der Genfer See. In der Schweiz wächst gerade eine neue Segelsupermacht zusammen, die zu diesem frühen Zeitpunkt nur die wenigsten als solche ausmachen. Einige Projekte kämpfen bis zum ersten Startschuss am 1. Oktober um ihr Überleben. Probleme finanzieller Art hatten Ernesto Bertarellis *Alinghi Challenge*, Patrizio Bertellis *Prada Challenge*, Craig McCaws *One-World Challenge* und Larry Ellisons *Team Oracle*

Viel Zeit für die schwedische *Victory Challenge*: Skipper Jesper Bank und seine Crew kurz vor der Tonnenrundung. Gegnerin *Le Défi* ist achteraus.

Artisten im Einsatz: Aufwärts zum Mastcheck auf Dennis Conners *Stars & Stripes*.

Sorgte für allerlei spöttische Sprüche: Dennis Conners Sponsor Viagra verewigte sich weithin sichtbar auf dem Großbaum. Lieblingswitz der Segler: »Ist Viagra Geldsponsor oder offizieller Produktlieferant?« (folgende Doppelseite)

Deutsch-deutsches Interview: BMW-Botschafter Hans-Joachim Stuck (r.) befragt Volvo-Botschafter Tim Kröger über die Chancen von *Le Défi Areva*.

BMW Racing tatsächlich selten bis nie. Ellison schnappte der im März 2002 offiziell gescheiterten deutschen *illbruck Challenge* mit einer eindrucksvollen Präsentation seiner besten Leute im Münchner Hauptquartier BMWs und persönlichen Gesprächen mit hochrangigsten Vertretern des Münchner Automobilkonzerns gar einen potenziellen Partner direkt vor der Nase weg.

Am 8. Juli verkündet BMW-Manager Karl-Heinz Kalbfell in Hamburg die Einstiegspläne seines Unternehmens in die Weltliga des Segelsports. Man kleckerte nicht, sondern klotzte im ersten Anlauf. Etwa 14 Millionen Euro an Barleistungen und weitere vier bis sechs Millionen Euro an Sachleistungen war BMW die Partnerschaft mit dem charismatischen wie eigenwilligen Oracle-Gründer Larry Ellison wert. Ausschlaggebender Faktor der auf den ersten Blick ungewöhnlichen BMW-Entscheidung zugunsten eines US-Teams: Die USA sind ein wichtiger Kernmarkt der Blau-Weißen.

Als Botschafter und Teamsprecher stellen die BMW-Sportmarketing-Strategen ihren schnellsten Mann vor. Im Auto wie im Gespräch meist ungebremst und mit natürlichem Elan unterwegs: Der ehemalige Formel 1-Fahrer Hans-Joachim Stuck soll mündlich in Form und Farbe bringen, was im Segelsport für Außenstehende oft allzu schwer zu verstehen ist. Weil es in Ellisons Segelteam keine deutsche Identifikationsfigur

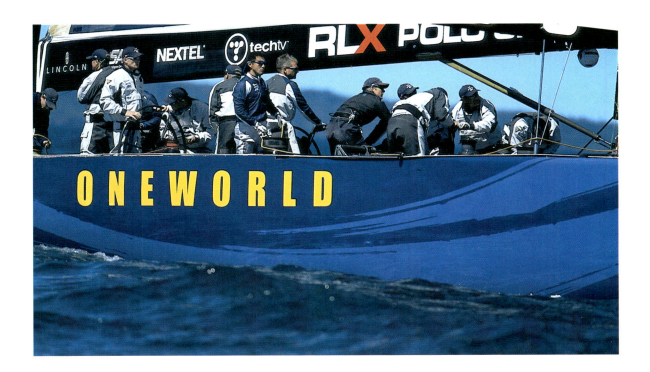

gibt, wird Stuck schnell zum beliebten Medium, der anfängliche eigene Bildungslücken mit Enthusiasmus und Einsatzwillen wettmacht. Während man sich in München als Neueinsteiger für den Cup rüstet, überlebt Craig McCaw in Seattle an der US-Westküste mit seiner auf Umweltfreundlichkeit getrimmten *OneWorld Challenge* und Sympathieträgern wie Skipper Peter Gilmour und dem jungen Steuermann James Spithill nur knapp den Cup-Supergau. Sein Team, das am 20. Juni 2000 als offizielle Kampagne des Seattle Yacht Club seine Herausforderung bekannt gegeben hat, schlidert in den Strudel einer nicht enden wollenden Spionage-Affäre, in dem es zu versinken droht.

Dabei hatte alles so verheißungsvoll begonnen. Auf einer Forbes-Liste der 500 reichsten Männer der Welt besetzte Craig McCaw mit einem

OneWorld in verkehrter Welt: Auf dem Wasser legte das Team von Skipper Peter Gilmour einen Blitzstart hin, bevor es seine Chancen durch Leichtsinn verspielte. An Land nahmen die Spionage-Vorwürfe kein Ende.

geschätzten Privatvermögen von etwa sechs Milliarden US-Dollar immerhin Platz 56, als er beginnt, seine America's Cup-Pläne zu verwirklichen. Das entsprach zwar nicht ganz dem luftigen Platz von Larry Ellison unter den Top Fünf der Welt, versprach aber in jedem Fall eine finanzstarke Kampagne.

Hauptakteure im Ringen um objektive und subjektive Wahrheiten in der Affäre *OneWorld* waren ab Herbst 2000 *Team New Zealands* ehemaliger Chefdesigner Laurie Davidson, den es mit der Abwanderungswelle aus Neuseeland

the underdog..

Ein Gruß des Cartoonisten Mark O'Brien an Dennis Conner, dessen neue Cup-Yacht am 22. Juli 2002 vor Long Beach sank – ein entscheidender Rückschlag für die Kampagne des Altmeisters.

nach Seattle getrieben hatte, vor allem aber ein ehemaliger Regelberater *Team New Zealands* namens Sean Reeves, der neuerdings eine wichtige Rolle bei *OneWorlds* Kontaktaufnahmen und Gesprächen mit anzuwerbenden Teammitgliedern spielte. Im Oktober 2000 hatte es erste Gerüchte um Missbrauch technologischer Informationen im Camp von *OneWorld* gegeben. Die Szene munkelte, dass eine oder mehrere Personen diversen Syndikaten geheime Informationen angeboten hätten. Im November erhält der Anfangsverdacht einen Namen: Sean Reeves.

Im März 2001 wird bekannt, dass *OneWorld* in finanziellen Nöten steckt. Alle Mitarbeiter werden gebeten, auf einen Teil ihres Gehalts zu verzichten. Die meisten stimmen zu. Sean Reeves gehört zu jenen, die ablehnen. Dabei hatte er sich laut Zeugenaussagen längst nach alternativen und wesentlich lukrativeren Geldquellen umgesehen.

Prominente Segler wie *Oracles* führendes Teammitglied Chris Dickson werden in die Affäre hineingezogen. Dickson klagt Reeves an, er habe ihm vertrauliche Design-Informationen für drei Millionen US-Dollar angeboten. Reeves, der Dickson aus gemeinsamen 470er-Zeiten kennt, streitet das ab, behauptet stattdessen, man habe sich nur über die eigenen Kinder unterhalten. Zwei weitere Kampagnen aber – *Team Dennis Conner* und *Prada* – bestätigen, ebenfalls unmoralische Angebote Reeves` erhalten und selbstverständlich umgehend abgelehnt zu haben. Der in die Ecke getriebene Reeves kontert aggressiv und beschuldigt nun seinerseits seinen Arbeitgeber *OneWorld*, mit verbotenen Design-Informationen zu arbeiten, die verschiedene Teammitglieder aus früheren Kampagnen illegal importiert hätten.

Am 21. Mai 2001 bestätigt *OneWorlds*-Manager Bob Ratcliffe, dass *OneWorld* und Reeves sich voneinander getrennt hätten. Dafür hat der US-Herausforderer dem Nestbeschmutzer 600 000 US-Dollar Abfindung gezahlt. Drei Monate später jedoch wird der Fall Reeves wieder aus der Personalakte geholt. *OneWorld* klagt Reeves an, seine vereinbarte Schweigepflicht zu teaminternen

Angelegenheiten gebrochen zu haben. Während *OneWorlds* Mannschaft endlich den dringend benötigten moralischen Aufschwung erlebt, weil Microsoft-Mitbegründer Paul Allen seinem Freund Craig McCaw mit zehn Millionen US-Dollar unter die Arme greift, ruft *OneWorlds* Management am 20. Dezember 2001 erstmals das Arbitration Panel an. Die höchste Gerichtsbarkeit unter dem Dach der Herausforderer im America's Cup soll sich mit dem Fall befassen. *OneWorlds* Initiative kommt einer Eigenanzeige gleich.

Im Februar 2002 schießt Reeves *OneWorld* zurück in die verhassten Spionage-Schlagzeilen und verklagt das Team nun seinerseits aufgrund angeblicher Verletzungen des America's Cup-Protokolls. Nur kurz können die leidgeprüften Segler der Kampagne im März Luft holen, als ihre beiden neuen Yachten *USA-65* und *USA 67* innerhalb von zwei Wochen getauft werden.

Am 16. August dann folgt das insbesondere für die Sportler frustrierende Urteil des Arbitration Panels: Dem US-Team wird aufgrund der nachgewiesenen Verletzung des America's Cup-Protokolls nach Beendigung der ersten beiden Round Robin-Runden im Louis Vuitton Cup automatisch ein Punkt abgezogen. Es ist nur der vorläufige Schlusspunkt des *OneWorld*-Dramas, das sich in der Herausforderserie fortsetzen sollte. Dieses anwaltliche Gemetzel um Recht und Unrecht war nur ein Grund, warum Bruno Troublé, charismatischer Organisator des internationalen Medien-Zentrums im Namen von Louis Vuitton später lächelnd sagen wird: »Es hilft, dass ich selbst mal Anwalt war. Wir sind nun von ihnen umgeben. Im Oktober werden mehr Anwälte als Segler in der Stadt sein. Das alles ist Teil des America's Cup und mich beunruhigt das nicht. Für Neulinge allerdings muss es so lange schwer sein zu verstehen, dass alles weg vom Wasser passiert, bis sie die ganze Historie gelesen haben. Das hier ist kein normales Sportereignis.«

Deutlich kürzer, dafür aber umso heftiger war der Schock, der Altmeister Dennis Conner kurz vor der Panel-Entscheidung gegen *OneWorld* am 22. Juli 2002 vor Long Beach ereilte. Der viermalige America's Cup-Triumphator war gerade bei einem Sponsoren-Essen, als ihn ein Anruf aus dem Stuhl riss. Gegen 13 Uhr Ortszeit war seine neue Cup-Yacht namens *Stars & Stripes* im Training binnen Minuten gesunken und auf Tiefe gegangen. Später, erst nach dem Ausscheiden seiner Kampagne *Team Dennis Conner* aus dem Louis Vuitton Cup, würde Conner zugeben, dass dieses Unglück eine mitentscheidende Rolle für den verpassten Einzug ins Halbfinale der Herausforderer gespielt hatte. Vor allem deshalb, weil in der Folge wertvolle Trainingswochen mit zwei Yachten verloren gingen.

Doch zunächst musste schnell gehandelt werden. Einmal mehr steht der Name Dennis Conner sechs Stunden später für einen neuen ungewöhnlichen Rekord. Nur so lange benötigte das Bergungsteam, um die Cup-Yacht vom 18 Meter tiefen Grund des Olympiareviers von 1984 an die Wasseroberfläche zurückzuholen. Ein Ruderbruch und der anschließende schnelle Einbruch von Wassermassen – so ergaben es anschließende Analysen – hatten dafür gesorgt, dass die millionenteure Cup-Yacht in einem Stück gesunken war wie ein Stein. Glück im Unglück: Von den Seglern kam niemand zu Schaden.

Weniger schwer wiegend als vielmehr belustigend waren Vorfälle anderer Art. So wurde *OneWorlds* Designer Laurie Davidson unter großem Tamtam dabei erwischt, wie er die Taufe von *Oracle BMW Racings USA-71* mit einem Fernglas beobachtete. Die anschließend neu entfachten Spionage-Debatten sorgten in Seglerkreisen vor allem für Gelächter. Daran konnte auch die von *Oracle*-Sprecherin Joanna Ingly vorgetragene Betroffenheit nichts ändern: »Wir denken, dass es sich um eine ernsthafte Angelegenheit handelt, in der unsere ernsthafte Überlegung gefordert ist. Wir prüfen unsere Optionen.«

Die beste Antwort zu dieser Geschichte mit dem Arbeitstitel »Viel Lärm um nichts« gab Leser Bill Leary im populären amerikanischen Internet-Segeldienst Scuttlebutt: »Ich habe mich großartig über den Artikel über Laurie Davidson und sein Fernglas in der Morgenausgabe von Scuttlebutt amüsiert. Er hätte perfekt in eure Ausgabe zum 1. April gepasst. Bitte sagt uns, dass es nur ein Scherz war. Sagt das Cup-Protokoll wirklich, dass es nicht erlaubt ist, den Gegner zu beobachten? Wie soll man dann Kollisionen auf dem Regattakurs vermeiden?«

Apropos *Oracle*. Auch in San Francisco wurde noch vor dem ersten Startschuss ein ungewöhnlicher Rekord aufgestellt: Ellison leistete es sich, gleich zwei teure Superstars seines Teams auszusortieren. Der amerikanische Steuermann und Whitbread Round the World-Sieger Paul Cayard, der Ellison die Überreste seiner eben abgeschlossenen *AmericaOne*-Kampagne aus der letzten Cup-Auflage verkauft hatte, wurde von *Oracle* zwar bezahlt, gleichzeitig aber Anfang 2002 ins seglerische Aus gedrängt. Das gleiche Schicksal der Ausmusterung ereilte zunächst auch den streitbaren Neuseeländer Chris Dickson. Ellisons erste Wahl für den Kampf um den Cup waren zum Cup-Auftakt der hoch talentierte wie sympathische Match-Racer Peter Holmberg von den Virgin Islands und der mit allen Wassern gewaschene Neuseeländer John Cutler, der sich wertvolle Cup-Erfahrungen im Einsatz für die japanische *Nippon Challenge* und zuletzt an der Seite von Dawn Rilys *America True* verdient hatte.

Viel Schwung und Enthusiasmus bringen in den bewegenden letzten Monaten vor dem ersten Startschuss die »jungen Wilden« ins Cup-Leben. Die Unbekümmertheit der italienischen Außenseiter-Kampagne *Mascalzone Latino* ist eine Wohltat. Initiator, Co-Steuermann und Hobby-

Dichter Vincenzo Onorato redet sich mit begeisterungsfähiger italienischer Fröhlichkeit in die Herzen der Fans. *Prada*-Segler hatten Auckland bereits im Jahr 2000 eine Azzurri-Welle ohnegleichen beschert, in deren Rausch in Auckland hunderte italienischer Restaurants, Bars und Shops

Zutritt verboten! Die Spionage-Paranoia der Teams kannte in Auckland kaum Grenzen. Die Abwehrmaßnahmen reichten vom provinziellen Stacheldraht bis hin zur Unterwasser-Überwachung.

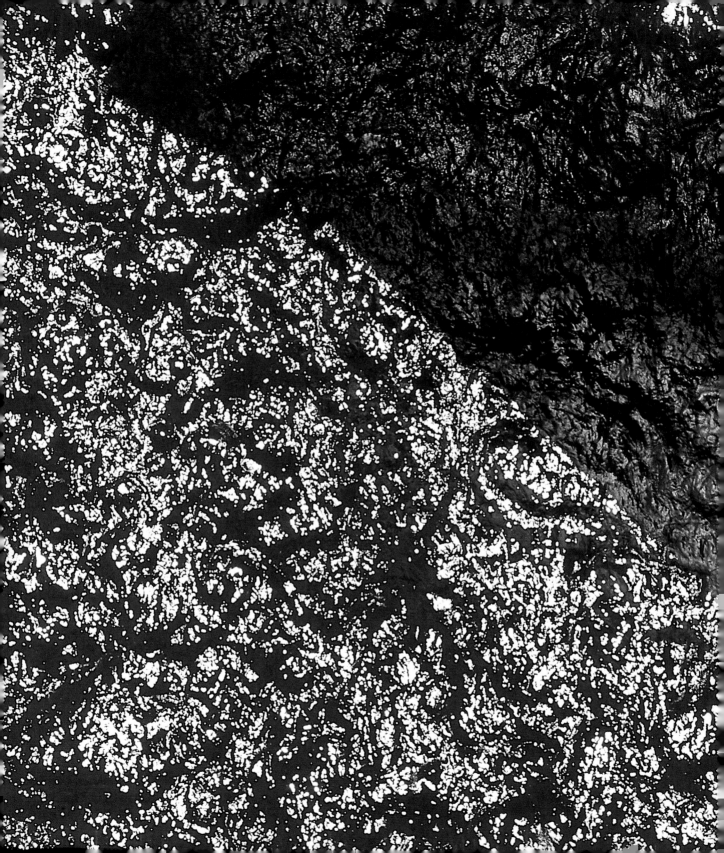

Newcomer Paolo Cian sorgte als Skipper der Außenseiterin *Mascalzone Latino* für Farbe und fairen Sportsgeist im America's Cup.

Larry Ellisons ganzer Stolz: Die *USA-76* hart am Wind – nur sie konnte *Alinghis* Eliteteam ernsthaft fordern (vorhergehende Doppelseite).

eröffnet wurden. Nun übernahmen die »Latino-Strolche«, als einzige Kampagne mit nur einer Yacht am Start, diese Rolle des Lieblings der Massen. Doch der America's Cup ist unbarmherzig, und so währte der Spaß, der ganz wie *illbrucks* gescheitertes Projekt als Auftakt-Kampagne eines bereits anvisierten Folge-Einsatzes beim nächsten Cup geplant war, tatsächlich nicht sehr lange.

Ebenfalls langfristig war die *Victory Challenge* von Jan Steenbeck angelegt worden, der zu den mächtigsten Männern Schwedens zählte. Die Nachricht vom plötzlichen Tod des 59-Jährigen am 19. August 2002 traf nicht nur die skandinavischen Segler ins Mark, die erst wenige Stunden zuvor ihre zweite Yacht auf den Namen *Orm* getauft hatten. Telekommunikations- und Medien-Revolutionär Stenbeck hatte die Wurzeln seiner Traumkampagne schon 1996 gepflanzt, indem er zwei Yachten kaufte und rund 100 junge schwedische Segler zu Test- und Trainingsserien einlud. Sieben kamen durch und bildeten anschließend den Kern der Mannschaft der *Victory Challenge*. Noch während des Cup-Duells zwischen *Team New Zealand* und *Prada* fällte Stenbeck im Februar 2000 auf einem Zuschauerboot in Neuseeland seine Entscheidung zugunsten der vierten schwedischen Herausforderung nach 1977, 1980 und 1992. Die Leitung der Kampagne übernahm nach seinem Tod Sohn Hugo.

Ohne große Cup-Prominenz, dafür aber mit dem zweimaligen Olympiasieger Jesper Bank und Match-Race-As Magnus Holmberg ging das skan-

Legendär und ein bisschen schrullig: Peter Harrison initierte die *GBR Challenge* und sorgte mit seinem festen Sitzplatz und weißem Plastikstuhl an Bord für humorige Kommentare.

dinavische Team als potentester aller Außenseiter ins Rennen. Kaum eine Mannschaft hatte mehr Stunden im Training auf dem Wasser absolviert, als die an kalte Temperaturen gewöhnten Nordeuropäer. Sie nutzten konsequenter als alle anderen Herausforderer auch jede Gelegenheit zum Training mit künftigen Gegnern. So segelte man in Sète über Monate gegen *Alinghi*, machte sich dabei aber aufgrund offensichtlichen Kameraeinsatzes nicht nur Freunde. Noch unpopulärer in Herausforderer-Kreisen war das Training mit den Neuseeländern im Hauraki-Golf, das alle anderen traditionell ablehnten. Genau diese intensive und konzentrierte Vorarbeit der Schweden aber sollte sich später auszahlen.

Den Ehrentitel »radikalster Außenseiter« verdiente sich das junge Team der *GBR Challenge*, das vom extrovertierten Briten Peter Harrison angeführt wurde. Der Enthusiast brachte Großbritannien, dem Mutterland des America's Cup, die erste englische Kampagne seit 1987 und genoss schon deshalb großes Ansehen in der traditionsgeprägten Segelwelt der Briten. So wunderte es niemanden, dass Ihre Königliche Hoheit Prinzessin Anne höchstpersönlich herbeieilte, um die erste der beiden hellgrauen Cup-Yachten namens *Wight Lightning* in Cowes auf der Isle of Wight zu taufen. Eben genau an dem historischen Ort, an dem der Schoner *America* im Jahr 1851 14 britische Yachten im Rennen um den 100 Guinea Cup schmächlich abhängte.

Neben seinem großzügigen wie ehrgeizigen Wesen, seiner Leidenschaft für den Segelsport und seiner Finanzkraft brachte Harrison, im Alter von 65 Jahren immer noch aktiver Rugby-Spieler und Vize-Präsident des legendären Chelsea Football Club, genau jene skurrilen Macken und Eitelkeiten mit, die sich in jedem Buch über Vorurteile gegenüber exzentrischen Briten finden lassen: Den Platz des 17. Mannes während der Cup-Wettfahrten besetzte Harrison selbstverständlich fast durchgehend selbst. Nur für Tochter Julia räumte er seinen »Thron« ein paar Mal. Für die Rennen hatte er sich eigens einen ordinären weißen Plastikstuhl besorgen lassen, auf dem er stets im Heck seines Bootes ruhte – als handle es sich um einen Ausflug auf einer Passagierfähre. Mehr als einmal traf Harrison Entscheidungen, die seinen Seglern ein bisschen peinlich waren. Umstritten war etwa der Name der zweiten Yacht der *GBR Challenge*. Harrison beharrte auf *Wight Magic* – sein Wink mit dem Betonpfeiler in Richtung des angestrebten Cup-Finals gegen eine der legendären *Black Magics*? Oder vielleicht Ausdruck seiner Hoffnung, mit ähnlichem Namen auch ähnliche Leistungen wie die Kiwis erbringen zu können? Die Segler verdrehten die Augen in Gedanken an das indirekt formulierte, deutlich zu hoch gesteckte Ziel. Dabei gab man sich in anderen Bereichen deutlich verschlossener: Die von den Veranstaltern des Louis Vuitton Cup zugeteilte Segelnummer 69 lehnten die Briten als zu anrüchig ab – die Franzosen nahmen sie mit Kusshand.

Die belächelte, aber geheimnisumwobene *Wight Magic* mit ihrem radikalen Tandemkiel wurde letztlich nie eingesetzt. Trotzdem haben mehr als nur die britischen Segler ein Auge auf den berüchtigten »Helikopter« geworfen. So nannte die Szene die britische Yacht, weil man spaßeshalber davon ausging, dass zu ihrer Beherrschung mindestens ein Hubschrauber-Pilotenschein nötig sei. Bei der ausgelassenen Abschlussparty der *GBR Challenge* nach dem Ausscheiden im Viertelfinale bahnten sich in kesser Mitternachtsstimmung gleich mehrere nicht-englische Segler den Weg hinter die schützenden Schürzen von *Wight Magic*. Einige haben seitdem wunderbare Erinnerungsfotos in ihren Alben, die sie beim Ritt auf der seltsamen Bombe zeigen, deren Wirkung nie erprobt wurde. Und das, obwohl Harrison *Wight Magic* in einem rund 500 000 Euro teuren Kraftakt kurz vor Cup-Start mit einer russischen Transportmaschiene vom Typ Antonov nach Auckland hatte fliegen lassen.

Von derartigen Eskapaden durften die Franzosen nicht einmal träumen. Sie mussten bis August auf den Frachter warten, der die beiden neuen Cup-Yachten nach Auckland brachte. Viel zu spät, um Mannschaft und Boote rechtzeitig in Form zu bringen.

Die 31. Cup-Auflage hatte lange vor Beginn ihre Gewinner und Verlierer, ihre Helden und Anti-

soixante-neuf

Die Briten verschmähten die zunächst ihnen zugewiesene Segelnummer 69 (frz.:soixante-neuf) mit Hinweis auf die Doppeldeutigkeit, die Franzosen nahmen sie mit Kusshand. So unterschiedlich kann nationaler Humor ausfallen...

helden. Als der internationale Tross mehrerer tausend Syndikatsmitglieder, Familienangehöriger, Journalisten und Fans sich Ende September endlich gesammelt in Auckland eingefunden und eingelebt hatte, konnte der Cup beginnen. Es sollte die teuerste Auflage aller Zeiten werden, denn insgesamt würden die neun Herausforderer und Verteidiger *Team New Zealand* am Ende mehr als eine halbe Milliarde Euro in das »Unternehmen Silberkanne« gesteckt haben. Trotzdem gilt ab 1. Oktober 2002, was immer schon galt: Nur einer konnte gewinnen.

*Wo ein Wille ist,
da ist auch ein Weg.*
DEUTSCHES SPRICHWORT

DEUTSCHE SEGLER UND DER CUP:
Vom ewigen Flirt zur großen Liebe

Es ist der 26. September 1983, beinahe Mitternacht in Norddeutschland. Der Hamburger Yachtfotograf Peter Neumann befindet sich im Auto auf dem Weg von einem Einsatz auf der Flensburger Förde zurück nach Hamburg. Im Radio hört er die Nachricht, die in den kommenden Tagen zum Aus der ersten deutschen America's Cup-Kampagne, dem Deutschen 12er Syndikat führt. Dennis Conners *Liberty* ist soeben sensationell von *Australia II* besiegt worden. Der australische Skipper John Bertrand und seine Crew haben mit ihrem 4:3-Sieg über die Amerikaner die längste Erfolgsgeschichte des internationalen Sports beendet und den America's Cup aus den USA nach »Down Under« entführt. Für eine kleine Gruppe hoch ambitionierter deutscher Segler jedoch kommt die umjubelte Segelsportsensation einem K.o.-Schlag gleich.

Drei Jahre zuvor hatten sie mit sieben Mann Beine baumelnd auf der Mole im Yachthafen von Cowes gesessen. Eben in jenem historischen kleinen Ort auf der südenglischen Isle of Wight, wo 1851 die Geschichte des America's Cup begann. Die sieben Männer segelten hier 1981 um den

Legendär: Die Villa an der Elbchausse 189(l.) war in den siebziger Jahren Keimzelle der jungen deutschen America's Cup-Vordenker.

Acht Männer, ein Traum: Die Gründungsmitglieder des deutschen 12er- Syndikats, darunter auch der junge Rolf Vrolijk (1.v.l.).

Admiral's Cup. Mit der *Düsselboot* und dem deutschen Team wurden sie am Ende Dritte.

Da saßen sie also an einem dieser lauen englischen Spätsommerabende auf der Mole und philosophierten über den Segelsport und die Zukunft. Es waren *Alinghis* heutiger Chefdesigner

Dauerbrenner: Fietje Judel (l.) und Rolf Vrolijk zählen seit mehr als drei Jahrzehnten zur internationalen Elite der Yachtkonstrukteure.

Rolf Vrolijk, sein Geschäftspartner und DSV-Chefvermesser Friedrich Judel, der Hamburger Journalist Erik von Krause, der schwäbische Bootsbauer und Werftbesitzer Rudi Magg, der Wedeler Werft-Manager Michael Schmidt, Fotograf Peter Neumann und Schmidts Bootsbaumeister Willi Reiners. Plötzlich erspähten sie zwei Mini-Zwölfer, die sich im Hafen ein spannendes Duell lieferten. Diese America's Cup-Yachten im Westentaschenformat werden von nur einer Person gesegelt. Sie waren ziemlich neu in der Szene und sollten in der Öffentlichkeit für den America's Cup werben. Eine famose Idee, dachten einige der Deutschen bei sich.

Rolf Vrolijk formulierte seine Gedanken als Erster laut und bündig: »Solche Boote kann ich auch zeichnen.« Schmidt nickte: »Ich kann die bauen.« Und Magg ergänzte: »Ich mach die Masten.« Lippenbekenntnisse, aus denen nach der Rückkehr nach Deutschland die erste intensive deutsche Liebeserklärung an den America's Cup entstand: In Anlehnung an die damalige America's Cup-Klasse der 12er wurde das Deutsche 12er-Syndikat gegründet. Ein Dreivierteljahr später hatte das Team bereits eine Flotte Mini-Zwölfer beisammen, heuerte einen Event-Manager an und ging auf Werbetour für die ehrgeizigen America's Cup-Pläne.

Peter Neumann erinnert sich: »Uns war ja klar, dass wir völlige Außenseiter sein würden. Aber wir legten los und hatten ein paar tierisch gute Ideen.« Der Geist des ersten deutschen Cup-Anlaufs war von Aufbruchstimmung und Willenskraft geprägt. »Jedes Syndikats-Mitglied«, so Neumann, »hat persönlich 5000 Mark investiert. Nur so konnten wir anfangen.«

Die Startphase verlief verheißungsvoll. »Damals stiegen Unternehmen wie Fielmann, die Dresdner Bank, Boss oder Blaupunkt in unser Boot«, erzählt Erik von Krause und lacht: »Der erste

Einer der aufsehenerregenden Mini-Cupper, mit denen das 12er-Syndikat für ein deutsches America's Cup-Projekt warb.

Sorgte für Furore: Die ehemalige schwedische Cup-Yacht *Sverige* warb 1983 auf der boot unter ihrem neuen Namen Blaupunkt für das ambitionierte deutsche 12er-Syndikat.

Preis, den es bei den Mini-Zwölfer-Regatten zu gewinnen gab, war eine Steinplatte mit grüner Kupferschleife.« Deutsche Segelgrößen der damaligen Zeit wie Achim Griese oder Berend Beilken segelten ebenso mit wie Lokalmatadoren der jeweiligen Reviere, auf denen die Regatten ausgetragen wurden. Und tatsächlich: Die deutsche Wirtschaft interessierte sich für die Paradiesvögel. »Michael Schmidt hat die meisten Verhandlungen und Präsentationen geleitet«, erinnert sich von Krause, »er war genial.« Man sprach mit Porsche und mit BMW, mit Reedereien und Fluglinien. Die Stimmung stieg. In einem weiteren Kraftakt kaufte das Deutsche 12er-Syndikat die alte schwedische America's Cup-Yacht *Sverige*, nannte sie *Blaupunkt* und stellte sie dank des persönlichen Engagements von boot-Projektleiter Rahman Abdul Adib und mit großzügiger Hilfe der Düsseldorfer Messegesellschaft im Januar 1983 auf der weltgrößten Bootsausstellung in Düsseldorf aus. Für den Kauf hatten sieben Mitglieder der Vereinigung mit jeweils 7000 Mark bürgen müssen. Michael Schmidt und das junge Ehepaar Rolf und Dorit Vrolijk beliehen dafür ihre Häuser. Alles lief gut bis zu jenem 26. September. Rolf Vrolijk und Erik von Krause verbrachten den Abend im Haus von Michael Schmidt in Holm bei Wedel. Natürlich gab es in Deutschland weder Fernsehübertragungen noch Radiomeldungen zum Stand der Dinge auf dem America's Cup-Kurs vor Newport in den USA. Vor dem Start des entscheidenden Duells zwischen Conners *Liberty* und der *Australia II* hatte es 3:3 gestanden. In dieser Nacht würde die Entscheidung fallen.

»Schmiddel hatte eine Telefonnummer für einen lokalen Radiosender in Newport ausgemacht, bei dem wir mit jedem Anruf direkt in der Live-Sendung landeten. Dort rief er alle Viertelstunde an. Wir waren eigentlich völlig entspannt, denn Conner führte ja bis zur letzten Tonne. Doch dann war plötzlich alles anders.«

Mit dem Sieg der *Australia II* zerplatzt der erste deutsche Traum vom America's Cup. Den Initiatoren war sofort klar, dass sich ihre Sponsoren nach dem Anfreunden mit einer bis dahin in Deutschland unbekannten Regatta namens America's Cup nicht auch noch mit dem völlig neuen australischen Austragungsrevier anfreunden würden. »Wir hatten noch ein bisschen Hoffnung«, so von Krause, »doch die Wirklichkeit sah – das wussten wir eigentlich – anders aus.« Aus der Traum.

ROLF VROLIJK
Designer mit Bravour und Bescheidenheit

Es ist eigentlich egal, welche Reportage man zu deutschen Regatta-Erfolgen in der Big Boat-Szene liest. Egal, ob sie in den siebziger, achtziger und neunziger Jahren oder zu Beginn des dritten Jahrtausends geschrieben wurden – Rolf Vrolijk kommt fast immer darin vor. Nicht immer als der Held, der er hinter den Kulissen schon so oft war. Aber immer als Motor des modernen Yachtdesigns, als Meister schneller Linien mit internationalem Aktionsradius und als aufgeschlossener Teammensch mit viel Humor.

Mit *Alinghis* Triumph in Neuseeland ist Rolf Vrolijk auf den Design-Gipfel gesegelt. Dorthin, wo er – geht es nach Segelgrößen wie Russell Coutts – ohnehin längst gehört. Der Cup und sein *Alinghi*-Designteam haben den segelnden und siegenden Holländer nun auch offiziell zur Nummer 1 im Cup-Geschäft gekürt. Es gibt nicht viele Menschen auf der Erde, die morgens mit dem viertreichsten Mann der Erde unter 40 Jahren frühstücken und abends beim König von Spanien zum privaten Dinner eingeladen sind. Und es gibt noch weniger, die angesichts solcher Superlative so bescheiden bleiben wie Rolf Vrolijk. Im Übrigen tafelt er mindestens so gerne mit Hamburger Segelfreunden bei einem guten Rotwein wie mit Ernesto Bertarelli oder Juan Carlos de Bourbon.

Beide zieren Vrolijks hochkarätige Kundenliste, für deren Namen und Telefonnummern Klatschkolumnisten vermutlich ein Vermögen zahlen würden. Für die spanische America's Cup-Kampagne CADE und ihren Schirmherrn, König Juan Carlos I. von Spanien, zeichnete der Niederländer während der 30. America's Cup-

Der König und sein Konstrukteur: Rolf Vrolijk mit seinem prominentesten Kunden und Freund Juan Carlos I. von Spanien.

Mann mit Durchblick: Rolf Vrolijks Design-Konzept war allen Anforderungen auf dem unberechenbaren Hauraki-Golf gewachsen.

Auflage verantwortlich. Seitdem ist Vrolijk ein Vertrauter des spanischen Staatsoberhauptes und Regatta-Enthusiasten.

»Der König ist selbst begeisterter Segler und ein engagierter Botschafter des Sports«, schwärmt Rolf Vrolijk. »Er mischt sich gerne unter Leute, ist sehr locker, intelligent und trinkt auch mal einen Gin & Tonic in gemütlicher Runde.« Drei Jahre lang, von 1997 bis Anfang 2000, arbeiteten der König und sein Konstrukteur Seite an Seite. Juan Carlos half dem ambitionierten Projekt als Schirmherr mit besten Kontakten in oberste spanische Wirtschaftskreise. »Er hat sich nie in Projektinterna eingemischt«, so Vrolijk, »war aber ein großartiger Förderer unserer Kampagne.« Die Spanier verpassten damals den erhofften Einzug ins Halbfinale der America's Cup-Herausforderer nur knapp. Vrolijks Yacht – da waren sich die Experten einig – hätte das Zeug zu mehr gehabt.

Ein paar Monate später sind Rolf Vrolijk und seine Frau Dorit im Spätsommer 2000 bei der traditionsreichen Regattaserie »Copa del Rey« auf Mallorca zu Gast. Als der König das Hamburger Ehepaar erspäht, nimmt er beide herzlich in die Arme und scherzt mit Augenzwinkern: »Hallo, mein Schweizer Konstrukteur.«

Rolf Vrolijk hatte soeben im Alter von 54 Jahren sein jüngstes Karriere-Kapitel aufgeschlagen und als leitender Designer einen Vertrag mit der 55 Millionen US-Dollar starken Schweizer America's Cup-Kampagne des Pharma-Milliardärs Ernesto Bertarelli unterschrieben. Ein Traumjob. Andere Angebote aus Cup-Kreisen, darunter auch ein deutsches, lehnte er ab. Er hat sich zwar nie öffentlich darüber beschwert, aber auch nicht vergessen, dass die deutsche Volvo Ocean Race-Kampagne »illbruck Challenge« bei der Wahl des Yachtdesigners seinem neuseeländischen Konkurrenten Bruce Farr den Vorzug gegeben hatte, obwohl Vrolijk jahrzehntelang erfolgreiche Admiral's Cup-Yachten für Willi Illbruck gezeichnet hatte.

Alinghi und die Schweiz waren nun Vrolijks neue Heimat. Noch nie hatte ein europäischer Designer so gute Voraussetzungen, die prestigereichste Regatta der Welt zu gewinnen. Viel Druck für Vrolijk? »Druck ja, aber nicht zu viel«, lächelte Vrolijk stets, »Russell Coutts ist nicht nur Segler, sondern auch Ingenieur, und auch Ernesto Bertarelli verfügt über ein sehr gutes technologisches Verständnis. Mit Jochen Schümann verfügen wir über einen weiteren großartigen Segler mit organisatorischem Talent und Willenskraft. Es ist ein Traumteam.«

Um kreative Ideen war schon der junge »Rolfi« nie verlegen. 1969 wollte er mit einem Freund im Finn-Dinghi von der heimischen holländischen Küste aus nach London segeln, um dort ein aufregendes Wochen-

Gutes Boot, finanzschwache Kampagne: Der Whitbread-Yacht BrunelSunergy *gelang 1998 immerhin ein Etappensieg – Vrolijks schnellen Linien sei dank.*

ende zu verbringen. Klar, dass dafür trainiert werden musste. Das »Trainingscamp« wurde auf der Nordsee vor Rotterdam aufgeschlagen. Weil die beiden Draufgänger dafür nur eine Jolle zur Verfügung hatten, musste der jeweils andere während der Übungsschläge auf einer der Fahrwassertonnen ausharren. Just als Vrolijk in Warteposition saß, kreuzte ein verirrter englischer Fahrten-Skipper auf und fragte – ohne sich über den seltsamen Info-Stand auf hoher See zu wundern – nach der Hafenstadt Willemstad. Der damals 23-jährige Vrolijk wies auf einen Kirchturm am Horizont, und der Engländer segelte ohne weiteren Kommentar mit Kurs auf die Küste. Später machten Vrolijk und sein Freund Jan Scholten Schlagzeilen mit ihrem erfolgreich abgeschlossenen 66-Stunden-Törn an die britische Küste und zurück.

Einige Jahre später blieb der Holländer nach einer OK-Weltmeisterschaft in der Hansestadt Hamburg hängen. Mit seinem ausrangierten Blumenlieferwagen mit der Aufschrift »Blomster Express« und der OK-Jolle auf dem Dach ging Vrolijk an der Elbchaussee vor der Villa Nr. 189 vor Anker. Diese Villa war damals Deutschlands kreativste Keimzelle in Sachen Segelsport. Hier lebten auf einem sagenhaften Grundstück von vielen tausend Quadratmetern bis zu zehn junge Männer, darunter der Hamburger Autor und Seesegler Svante Domizlaff, Admiral's Cup-Segler und Journalist Jörn Bock, Fotograf Peter Neumann und Michael Schmidt. Irgendwann zog auch Rolf Vrolijk ein.

Die wilde Segeltruppe liebte das Leben, den Weinkeller des Hauses und Rolf bald darauf Dorit, mit der er heute zwei Söhne und ein rasantes Leben rund um den Globus teilt. Doch hinter Erfolg und Jetset standen und stehen Disziplin, Knochenarbeit und Hingabe.

Sein Können brachte Vrolijk unzählige Erfolge, darunter die Siege mit dem deutschen Admiral's Cup-Team 1983, 1985 und 1993, die Teilnahme am Whitbread Round the World Race 1997/98 mit dem zu seinem Leidwesen unterfinanzierten niederländischen Projekt *BrunelSunergy*, aber auch lukrative Einzelaufträge aus dem Cruiser/Racer- oder Fahrtenbereich. Ehefrau Dorit Vrolijk muss stets lächeln, wenn sie an die vielen Bewerbungen von angehenden Jung-Designern denkt, die Vrolijk in den vergangenen Jahrzehnten auf den Schreibtisch flatterten: »Diese jungen Leute beherrschen mal gerade eine Fremdsprache und träumen davon, ein paar schnelle Risse am Computer zu zaubern.« Rolf Vrolijk spricht vier Sprachen akzentfrei und ist für seine Auftraggeber nicht nur technischer Berater, sondern auch persönlicher Vertrauter, Kummerkasten und Feuerwehr. Von den An- und Unannehmlichkeiten des Jobs erholt sich der Allrounder am liebsten am Blankeneser Elbstrand. »Hier leben wir und hier ist auch mein Büro – mit viel Verbundenheit zum Wasser. Das ist Zuhause und Heimat für mich.«

Sogar Bundespräsident Johannes Rau begeisterte sich in den achtziger Jahren für America's Cup-Träume. Graf Waldburg (r.), Professor Grote (2.v.r.) und Uli Libor (links) erläutern das Modell einer Cup-Yacht.

Mitte der achtziger Jahre hat das Interesse am America's Cup einen neuen Höhepunkt erreicht. Parallel formieren sich Interessengruppen und Vereine in Süd- und Norddeutschland. Eine der Schlüsselfiguren der süddeutschen Bewegung ist Gebhard Graf zu Waldburg-Wolfegg, der 1983 aus beruflichen Gründen in Australien lebte und dort schon bald im Royal Perth Yacht Club ein- und ausging. Der Graf freundete sich mit Alan Bond an und war im Club ein gern gesehener Gast, weil er ohne finanzielle Interessen seine Hilfe in der Organisation anbot. Dabei erhielt der Graf aufschlussreiche Einsichten in das Innenleben einer Cup-Kampagne. Der überraschende Sieg der *Australia II* mit Skipper John Bertrand und Alan Bond als Bootseigner bescherte dem Team ein ungeheures Hochgefühl, das auch den Grafen ansteckte. Der sieht, wie Australien nach dem Cup einen Wirtschaftsboom erlebt. Westaustralien, das bis dahin eher als unterentwickelt galt, obwohl es das tatsächlich nicht war, erreichte plötzlich bessere Wirtschaftszahlen als die Oststaaten New South Wales oder South Australia. Während der Vorbereitungen auf die Cup-Regatta 1987 vor Fremantle bei Perth engagiert sich der Graf in verschiedenen Organisationsbereichen. Er lernt, wie sich Cup-Kampagnen finanzieren, studiert das Innenleben der Projekte und der Dachorganisation. Schließlich steht sein Entschluss fest: Er will die Teilnahme Deutschlands am kommenden America's Cup möglich machen. Ab 1987 ist er als Cup-Botschafter in Süddeutschland im Einsatz. Die ersten Fäden laufen bei der Friedrichshafener Messegesellschaft als Veranstalterin der Interboot zusammen. In Rolf Mohne von der IBO findet der Graf einen engagierten Mitstreiter. Und auch der erfolgreiche Hochseesegler und Yachtausrüster Rudi Magg ist wieder mit an Bord. Magg baute damals die ersten Kohlefasermasten in einer Länge, die für eine Regatta-Yacht bis dahin noch nie verwendet worden war. Die Materialkenntnisse konnten mit MBB-Technikern abgestimmt und deren Erfahrungen aus der Luftfahrt ausgebaut werden. Der Förderkreis America's Cup 1990 konzentriert sich auf potenzielle Sponsoren aus der baden-württembergischen Wirtschaft.

Gleichzeitig formieren sich unter dem Dach des Deutschen America's Cup-Vereins am 31. März 1987 in Hamburg Vereinspräsident Achim Griese, der drei Jahre zuvor in Los Angeles olympisches Silber im Starboot gewonnen hatte, der spätere NRV-Präsident Uwe von Below, Konsul Wulf Rauno, Hochsee-As Berend Beilken, der olympische Bronzemedaillen-Gewinner der Olympischen Spiele von 1972 vor Kiel, Uli Libor, der spätere Kieler Woche-Organisationschef Dieter

Man beachte das Datum: Am 27. Februar 1990 feiert das Hamburger Abendblatt die America's Cup-Initiative von Daimler Benz. Bild verkündet am gleichen Tag das Gegenteil und – behält Recht.

Rümmeli, der Chef der Düsseldorfer Messegesellschaft NOVEA, Claus Groth, sein Kollege und Organisationschef der Wassersportmesse boot, Abdul Adib und weitere Mitstreiter zu einem Team. Auch diese Kampagne sollte drei Jahre andauern.

Der Hamburger Werber Michael Menzel, damals einer der »Friends« der Werbeagentur Scholz & Friends, stiftet die Cup-Yacht, die auf den Namen *Maid of Germany* getauft wird. Das Verlagshaus Gruner + Jahr spendet den deutschen Cup-Jägern ein Startgeld von 100 000 Mark. Mercedes Benz, Thyssen, Beck's und die Lufthansa zieren unter anderen die prominente Liste der Förderer. Auch dieses Mal sieht es zeitweise sehr gut aus für eine erste deutsche America's Cup-Yacht im Echteinsatz.

Die süddeutsche Initiative bildet 1989 in Zusammenarbeit mit nord- und westdeutschen Cup-Organisationen ein namhaftes Kuratorium zur Unterstützung der Herausforderung für den kommenden America's Cup-Einsatz. Im Kuratorium fanden sich so prominente Cup-Fans zusammen wie der damalige Bundesminister für Forschung und Technologie, Dr. Heinz Riesenhuber, als Schirmherr und Vorsitzender, Hans Hansen als Präsident des Deutschen Sportbundes, der deutsche IBM-Chef Hans-Olaf Henkel, Arbeitgeberpräsident Dr. Klaus Murmann, Bundesbank-Präsident Karl Otto Pöhl, Nordrhein-Westfalens Ministerpräsident Johannes Rau, Daimler-Benz AG-Vorstandsvorsitzender Edzard Reuter, der dreimalige Admiral's Cup-Sieger Hans-Otto Schümann und Bundesfinanzminister Dr. Gerhard Stoltenberg. Die potente Gruppe der Polit- und Wirtschaftskaliber ließ hoffen.

Doch wieder einmal sorgten Cup-Wirren für unruhige Gewässer. Die nächste Auflage des America's Cup sollte nicht 1990, sondern plötzlich erst 1991 stattfinden, denn inzwischen hatte es nach der gelungenen Revanche der Amerikaner im Jahr 1987 schon im Jahr darauf ein weiteres, ungeplantes Cup-Duell gegeben, das die ursprünglichen Zeitpläne durcheinander brachte. Der Neuseeländer Sir Michael Fay hatte den Amerikanern mit seinem »Weißen Riesen« ein

Anfang der neunziger Jahre ein Traumjob für Jochen Schümann (Mitte): Als Sportdirektor des ehrgeizigen Talentförderprojekts AeroSail bildet er deutschen Segelnachwuchs aus.

Match aufgezwungen, das Dennis Conner mit seinem Katamaran *Stars & Stripes* zwar gewann. Eine Werbung für den America's Cup aber war das berühmte Miss-Match nicht.

Der imposante deutsche Cup-Express gerät trotz seines gut ausgebauten gesamtdeutschen »Streckennetzes« ins Stocken. Als Uli Libor seinen Job als Geschäftsführer der Deutschen America's Cup GmbH zugunsten der gleichen Position beim Deutschen Golf-Verband aufgibt, ist von der Anfangseuphorie schon kaum mehr etwas zu verspüren.

Trotzdem schafft Gebhard Graf zu Waldburg-Wolfegg in einem Kraftakt, was vor ihm und nach ihm nie wieder gelang: Er darf das Projekt der Deutschen Gemeinschaft zur Teilnahme am America's Cup dem Vorstand der Daimler Benz AG präsentieren. Der Graf referiert mitreißend über den Sinn einer ersten deutschen Cup-Kampagne. Er berichtet, dass in den Vereinigten Staaten, Frankreich, England und Italien Unternehmen wie die NASA, die US-Marine, Grumman, Aerospace, Boeing, British Aerospace, Aerospatial, Dassault und CNTS intensiv an der Entwicklung der Boote und deren Technologie beteiligt seien, und er sagt: »Wenn die Deutschen auf das Nationalteam des Fußballs stolz waren und auf Boris Becker stolz sind, sollten sie dies auf Yachtsegeln erweitern. Denn dieser Sport wird durch seine High Technology der Wirtschaft gleichgesetzt.« Unternehmenssprecher Matthias Kleinert signalisiert einige Zeit später in einem Telefonat ein positives Echo des Vorstandes der Daimler Benz AG. Umso erstaunter ist der Graf, als er am Tag nach dem Gespräch in den Medien vom öffentlichen Rückzug der Stuttgarter liest. In der dritten Februar-Woche 1990 hatte Thyssen bereits die Rückzugswelle aus der Cup-Familie deutscher Industrieriesen eingeleitet. Eine Steilvorlage für Kleinert, der nur eine Woche später auch für den schwäbischen Automobilkonzern abwinkt. Die »Bild-Zeitung« titelt am 27. Februar: »America's Cup: Aus – weil Daimler nicht mehr mitmacht!«

Eckart Wagner überzeugte Edzard Reuter und Daimler Benz von den Vorteilen eines Intensiv-Engagements im Segelsport. AeroSail entstand nach dem Konzept des Dynamikers, der 2002 verstarb.

Trotzdem werden weitere Verhandlungen mit namhaften Sponsoren geführt. Unter dem inzwischen geänderten Namen »Deutscher Förderkreis America's Cup« 1990 lud Gebhard Graf von Waldburg zu Wolfegg im gleichen Jahr die Vorstände von 500 führenden deutschen Industrieunternehmen zu einem gesetzten Dinner auf Schloss Wolfegg ein. Die Hälfte kam, um die inzwischen realisierten Cup-Modelle anzusehen.

Auch mit den Bayerischen Motoren-Werken in München gibt es Sondierungsgespräche. Marketing und Teile des Vorstands sind interessiert. Trotzdem erhält der weiterhin intensiv ehrenamtlich tätige Graf am 2. August 1991 auch aus München eine Absage. Der damalige Marketing-Leiter Dr. Wolfgang Thurow schreibt darin unter anderem: »(...) Der America's Cup findet – wie Sie uns dargestellt haben – weltweit große Beachtung. Wir sind mit Ihnen einer Meinung, dass zu den Interessierten auch viele BMW-Fahrer gehören. Unter diesem Aspekt wäre eine Teilnahme von BMW grundsätzlich sehr reizvoll. Ein Engagement in diesem Projekt erforderte jedoch neben den bekannten Finanzmitteln auch einen sehr hohen personellen Aufwand und Einsatz von BMW, dem eine Reihe von Risiken und Unwägbarkeiten gegenüberstehen (...) Diese Überlegungen zwingen uns, von einer direkten Beteiligung am America's Cup Abstand zu nehmen. (...).« Nur ein Beweis dafür, dass BMW schon lange vor dem ersten Engagement in Larry Ellisons *Team Oracle BMW Racing* mit einem Start in der Formel 1 des Segelsports geliebäugelt hat.

Die oft, aber nicht immer Seite an Seite agierenden deutschen Cup-Jäger waren weit gekommen, doch auch ihr Traum schaffte es nicht an die Startlinie. Genauso wenig wie das ambitionierte Segelförderprojekt AeroSail, das nach dem Zusammenbruch aller Cup-Bemühungen das offenbar keinesfalls abgeebbte Streben von Daimler Benz nach Großtaten im Segelsport repräsentierte. Das Unternehmen investierte mehr als 20 Millionen Euro in Nachwuchsförderung und Regattasport. Nach jahrelangen und teilweise sehr fruchtbaren Bemühungen um den deutschen Segel-Nachwuchs und viel Engagement auf nationalen und internationalen Regatta-Bühnen scheiterte AeroSail nach drei Jahren Laufzeit – so kolportierten es damals Insider – am schwelenden Zwist zwischen AeroSail-Ziehvater Edzard Reuter und AeroSail-Gegner Jürgen Schrempp. Dabei war nicht einmal klar, ob AeroSail tatsächlich Kurs auf den America's Cup hatte nehmen sollen. Das Aus für den

Ehre, wem Ehre gebührt: Der Helgoländer Ralf Steitz war 1995 der erste deutsche Segler im America's Cup-Einsatz auf Dennis Conners *Stars & Stripes*.

Hoffnungsträger des deutschen Segelsports wird am 22. November 1995 einen Tag nach der firmeninternen Präsentation zur Teilnahme am Whitbread Round the World Race 1997/98 bekannt.

Doch auf einen Mann hatte AeroSail positive Langzeitwirkung: Jochen Schümann. Der sammelte als Sportdirektor AeroSails intensive Big Boat-Erfahrung mit den Schwaben, verdankt seiner Anstellung wertvolle erste Kontakte zur internationalen Szene und nicht zuletzt seinen neuen Wohnsitz im bayerischen Penzberg. Geholt hatte ihn der 2002 überraschend während der Herausforderer-Runde zum America's Cup verstorbene Eckart Wagner. »Wenn ich angesichts unseres Sieges im America's Cup über Menschen nachdenke, denen ich diesen Sieg möglicherweise mit zu verdanken habe, dann fällt mir der Name Eckart Wagner ein«, sagte Schümann am Ende der 31. Cup-Auflage in Auckland. Der ehemalige Olympiateilnehmer und Weltmeister Wagner hatte mit seinem 83 Seiten-Konzept zum Thema »Segelsport und Wirtschaft« den Impuls für die Stuttgarter Initiative gegeben. Doch weder Wagner noch Schümann noch einer der unzähligen Manager, die sich am Steuer des Projekts AeroSail versuchen durften, konnten verhindern, dass auch diese Initiative verpuffte.

Doch dann kam ein kleiner blonder Segler aus Helgoland. Ralf Steitz setzte als Crew-Mitglied auf Dennis Conners *Stars & Stripes* im internationalen Sturm auf den Segelsportgipfel die erste deutsche Flagge. Der Helgoländer war bei den Cup-Regatten 1995 und 2000 (auf *AmericaOne*) im Einsatz, kam allerdings zu spät, um auch der erste deutsche Cup-Sieger zu werden. Conner hatte 1988 zuletzt gewonnen. Danach waren erst die Australier, dann die eigenen Landsleute, später die Neuseeländer und schließlich sogar die Europäer an ihm, dem Altmeister des Cup-Geschäfts, respektlos vorbeigesegelt.

Erst 149 Jahre nach der ersten Cup-Regatta steht im Jahr 2000 zum ersten Mal ein deutscher Segler am Steuer einer America's Cup-Yacht. Doch leider ist ihr Name in diesem von Finanzkrisen geschüttelten Schweizer Projekt namens *Fast 2000* nicht Programm: Die *Be Happy* bringt Jochen Schümann weder Glück noch zum Lachen, dafür aber wertvolle Erfahrung. Damals sagte der dreimalige Olympiasieger in Anspielung auf den mangelnden Cup-Enthusiasmus der deutschen Industrie: »Da muss der Prophet wohl erst im Ausland Erfahrung sammeln, bevor er in Deutschland gehört wird.«

JOCHEN SCHÜMANN
Sieger mit System

Nur Elvström war mit vier Mal Gold besser: Seine dritte und bis dato letzte Goldmedaille gewann Jochen Schümann bei den Olympischen Spielen von Savannah 1996.

Wer ist der Mann, der in Deutschland einen Boom ausgelöst hat, den man so vorher nur mit Boris Becker im Tennissport, Bernhard Langer im Golf oder Michael Schumacher in der Formel 1 erlebt hat? Wer ist dieser Ausnahmeathlet, der dem Segelsport dieses nie dagewesene Hoch beschert hat? Wer ist dieser Segler, der trotz dreier olympischer Goldmedaillen bis zu seinem Cup-Triumph mit *Alinghi* nie im »Aktuellen Sportstudio« zu Gast war und für dessen Anwesenheit Deutschlands Parade-Sportmagazin plötzlich eine tiefe Verbeugung machte? Wer ist dieser 1,88 Meter große Sportler, der seit März 2003 plötzlich ganz oben auf den Wunschlisten der deutschen Talk-Shows stand und doch nicht mehr als ein oder zwei dieser Sendungen besuchte?

Jochen Schümann ist Jochen Schümann. Unverwechselbar, geradeaus und in seiner Art verlässlich wie ein Schweizer Uhrwerk. Er ist mit keinem anderen bekannten Sportler vergleichbar. Seine medialen Spitznamen wie »Schümanator« und »Segel-Schumi« trägt er eher mit Humor als mit Begeisterung.

Die Segelsportkarriere des Weltseglers von 1996 ist so einzigartig und mit Superlativen gespickt, dass

Goldene Zeiten für Schümann: Mit Aero-Sail begann seine internationale Big Boat-Karriere.

allein die Aufzählung seiner Erfolge ganze Seiten in Anspruch nehmen würde. Dabei weiß niemand so gut wie er: »Es gibt für keinen meiner Erfolge ein Geheimrezept. Auch nicht für den America's Cup-Sieg mit *Alinghi*. Es steckt immer nur harte Arbeit dahinter.« Ein bisschen Talent dürfte wohl auch im Spiel sein: Schümann war schon als Teenager ein ehrgeiziger und erfolgreicher Sportler, allerdings kein geborener Supersegler. Schümann war zunächst Turner und dafür irgendwann einfach zu groß. Sonst hätte Olympia den kompromisslosen Athleten womöglich an den Ringen oder am Reck erlebt. Der 49-Jährige stemmt auf der Bank noch heute 100 Kilo. Nicht auszudenken, was turnerisch aus dem Mann geworden wäre, von dem sein Schweizer Konditionscoach Jean-Pierre Egger im *Alinghi*-Team sagt: »Er bewegt sich zu 99 Prozent perfekt. Es ist pure Freude, Jochen Schümann bei der Arbeit zu beobachten. Er ist ein sensationeller Sportler und Mensch.«

Weil Schümann aber im Schulunterricht eher zufällig einen Optimisten baute und nach ersten Einsätzen im weitsichtigen DDR-Sportsystem für den weißen Sport auf dem Wasser entdeckt wurde, war fortan der Segelsport seine Nummer eins. Mit 22 Jahren – im gleichen Alter wie *Alinghi*-Skipper Russell Coutts acht Jahre später – gewinnt er 1976 im kanadischen Kingston Gold in der olympischen Einhandjolle Finn-Dinghi. Anschließend holen die beiden aufeinander folgenden Olympia-Boykotte den aufgehenden Segel-Star beinahe für immer vom Himmel. Der junge Schümann ist genervt von den politisch motivierten Zwangspausen und will die Segel bergen. Er hat keine Lust, angesichts harten Trainings zum Spielball der Supermächte zu verkommen. Damals waren es Vereinskameraden im Yachtclub Berlin-Grünau am Berliner Müggelsee, die ihn zum Weitermachen überredeten. »Und Jochen«, so sagt seine Frau Cordula, selbst eine ehemals erfolgreiche Leichtathletin, »war sowieso zu sehr Sportler, als dass er einfach alles hätte hinwerfen können.« 1988 setzt er mit den erfahrenen Vorschotern Thomas »Flade« Flach und Bernd Jäkel im Dreimann-Kielboot Soling ein letztes goldenes Ausrufezeichen für den DDR-Sport, bevor die Mauer fällt. Die deutsche Wiedervereinigung sieht er nicht als dramatischen Wendepunkt in seinem Leben. Weder als positiven noch als negativen – weder für sein Leben noch für den Sport. »Ich war doch ohnehin schon älter geworden. Direkte Vorgaben wurden seltener. Der ganze Prozess in Richtung Mauerfall lief ja schon länger, in der Übersetzung auch im Sport.« Trotzdem bedauert der Diplom-Sportlehrer bis heute, dass »mit der Mauer auch einige Werte gefallen sind, die uns damals wichtig waren«. Er sagt: »Unser Sportsystem war gut und sehr viel inhaltsreicher, als es in der späteren Doping-Debatte

In Barcelona stand für die Soling-Asse erstmals Match-Racing auf dem Olympia-Programm. Schümann musste damals mit dem undankbaren vierten Platz zufrieden sein.

immer aussah. Dabei ist das Thema Doping an uns Segelsportlern nun wirklich vorbeigegangen...«

Seine seglerische Ausbildung und sein Sportstudium in der DDR hält Schümann für eine der wesentlichen Voraussetzungen für alle späteren Erfolge. »Wir haben Sport damals im Osten immer schon mehr als Wissenschaft denn als sporadische Vergnügungsmaßnahme betrachtet. Diese Basis hat mir auch jetzt bei meiner Aufgabe für *Alinghi* sehr, sehr geholfen.«

So erklären sich Komplimente wie das von *Alinghis* Chefdesigner Rolf Vrolijk: »Mit Jochen kann man hervorragend zusammenarbeiten. Er setzt immer genau um, was gefordert ist. Er testet auch zehn Stunden am Stück, wenn es wichtig ist. Diese Hingabe und dieser Hang zum Perfektionismus machen ihn so gut.«

Von dieser Güte Schümanns war Russell Coutts mehr als zwei Jahrzehnte beeindruckt, bevor er den Deutschen als Sportdirektor für die *Alinghi Challenge* anheuerte: »Jochen ist ein fantastischer Sportler und hat manchmal sogar ein besseres Gefühl für das Boot als ich. Sein Organisationstalent ist legendär.« Für den Berliner war das Engagement die willkommene Wiedergutmachung für seinen ersten America's Cup-Einsatz im Schweizer *Team Fast 2000*, den er damals wie heute als »schmerzhafte Investition für die Zukunft« charakterisiert. Seine Klasse ging im krisengeschüttelten Außenseiterteam fast unter. Doch er hatte, was er für die Zukunft brauchte: den ersten Auftritt in der obersten Weltliga der Profis.

Der nach dem dritten Olympiasieg 1996 längst hoch dekorierte Lenker und Denker war für *Alinghi* Antreiber, Organisator und »Rückgrat des Teams«, wie ihm sein Boss Ernesto Bertarelli immer wieder beeindruckt attestierte. Mit einer Mischung aus Respekt und Frechheit verpassten ihm die jungen Segler im Team den Titel »Schümanator«, den die Medien später begeistert aufgriffen. Seine Mannschaft folgte Schümann aufs Wort, weil er berechenbar und erfolgreich war. Die Männer lernten schnell, wie weit sie bei Schümann gehen konnten. Und der wiederum kannte die Gründe für die reibungslose Zusammenarbeit auch in der mit Prominenz beinahe überfrachteten Afterguard: »Wir haben alle schon unsere Titel und Medaillen gewonnen. Wir sind ja bei *Alinghi* nicht im Kindergarten. Bei uns muss niemand mehr krankhaft sein Ego raushängen lassen.«

An der Seite Schümanns an Bord der *Be Happy* trägt sich der dritte deutsche Segler in die Cup-Geschichtsbücher ein: Der junge Kieler Psychologie-Student Weert Kramer besitzt einen Schweizer Pass und ordentliche Big Boat-Erfahrung – diese Kombination bringt die Team-Qualifikation.

Mit dem Startschuss zu den ersten Rennen um den Louis Vuitton Cup am 1. Oktober 2002 sind erneut zwei deutsche Segler auf dem Hauraki-Golf im Cup-Einsatz: Neben *Alinghis* Sportdirektor Jochen Schümann, der als Stratege im Cockpit der Schweizer Yacht seinen Skipper Russell Coutts berät, ist auch der Hamburger Segel-

Objekt der Begierde und typisch französisch: Mit ihrem auffallenden neongelben Look zog die französische *Le Défi* Cup-Fotografen und ihre Kameras magisch an.

profi Tim Kröger als Pitman zum ersten Mal dabei. *Le Défis* Sportdirektor Pierre Mas hatte den ausgewiesenen Weltumsegler Anfang 2001 in sein Team geholt, das sich in der Bretagne vorbereitete: »Timmy weiß, wie man Boote schnell macht.« Für seine Cup-Premiere musste der Langstrecken liebende Kröger – wie die meisten America's Cup-Segler – sein Leben für zwei Jahre total umkrempeln. Bereut hat er es nie.

TIM KRÖGER
Allrounder ohne Allüren

Wer Tim Kröger zum ersten Mal trifft und mit ihm arbeitet, dem fällt meist dreierlei auf: Sein bisweilen britisch schwarzer Humor, sein pedantischer Arbeitsstil und seine Hingabe zum Job. Krögers stattlich-sportliche Figur führt in Reportagen schon mal zur ehrfürchtigen Bezeichnung »Zwei-Meter-Hüne«. Tatsächlich misst der Mann »nur« 187 Zentimeter und ist 95 Kilogramm schwer, inklusive des struppeligen Haarschopfes, den das Seglermagazin »Yacht« in einem Porträt einst als »ungemachtes Bett« bezeichnete.

Die grünen Augen blitzen spitzbübisch, wenn er sich vorstellt: »Gestatten, Tim Kröger, Abiturient.« Der Profisegler hat sich angewöhnt, seine ungewöhnliche Profession in Deutschland mit dieser Art Understatement vorzustellen. »Gelernt« im Sinne einer geregelten Ausbildung hat er nichts. Das BWL-Studium brach er nach dem Vordiplom ab. Im Herbst 1994 wuchs in ihm die Erkenntnis, dass »mich und das möglicherweise abgeschlossene BWL-Studium mit Anfang 30 ohnehin keiner mehr haben will«.

Der gebürtige Bremer ist glücklich, aus seiner Berufung 1994 endgültig einen Beruf gemacht zu haben:
»Segeln kann ich am besten. Das ist doch die optimale Voraussetzung für die Karriere, oder?« Im Alter von 38 Jahren blickt Kröger auf 30 Jahre aktiven Segelsport zurück. »Das ist«, erläutert er sachlich, »mehr Berufserfahrung, als die meisten Menschen in meinem Alter haben. In den Stellenanzeigen wird so was doch immer gesucht...«

Sein Name stand in Deutschland acht Jahre lang für das renommierteste Hochseerennen der Welt, das im September 2001 erstmals unter dem neuen Namen Volvo Ocean Race die Segel setzte: Segelprofi Tim Kröger war zweimal einziger deutscher Teilnehmer im berühmt-berüchtigten Meeres-Marathon, der damals noch den Original-Namen Whitbread Round the World Race trug. Als Vorschiffsmann auf der europäischen *Intrum Justitia* absolvierte Kröger seine erste Weltumseglung 1993/94 auf der gefährlichsten aller Positionen an Deck. Als Wachführer auf der *Swedish Match* segelte er 1997/98 in neun Etappen über 31200 Seemeilen zum zweiten Mal um die Welt. Schon vor seiner ersten Weltumseglung auf *Intrum Justitia* hatte »OT« (Ocean Timmy) 1983 auf *Sabina* mit dem deutschen Team den Admiral's Cup gewonnen.

Tim Kröger am Steuer von Steve Fossetts Play-Station*: »Du kommst dir manchmal vor, als würdest du einen LkW durch die See steuern.«*

Dafür war die ganze Mannschaft vom damaligen Bundespräsidenten Karl Carstens mit dem Silbernen Lorbeerblatt, der höchsten deutschen Sportauszeichnung, geehrt worden. Bemerkenswert findet Kröger daran vor allem, dass sein Team diesen »Orden« zwei Jahre vor Boris Becker bekam.

Seine schwärzeste Segelstunde erlebte der große Blonde aus dem Norden 1988, als er mit Steuermann Thomas Jungblut und Buddy Maschkiwitz nur knapp die sicher geglaubte Qualifikaion für die Olympischen Spiele in der Soling-Klasse verpasste. Doch als er 1995 in der Admiral's Cup-Klasse Mumm 36 auf der französischen *Corum Watches* Weltmeister wird, ist die Schmach von einst fast vergessen. »Mit den Franzosen habe ich eine neue Dimension des Teamsports Segeln erlebt, bei dem jeder Segler einer Crew wichtige Verantwortungsbereiche hat. Der alte Stil, bei dem nur ein Skipper agiert und der Rest der Mannschaft reagiert, war endgültig passé.« Die »French Connection« sollte Krögers Berufsleben sechs Jahre später noch einmal auf den Kopf stellen.

In der Zwischenzeit entwickelte sich der Allround-Segler aus Leidenschaft vom Jungen von der Waterkant zu einem Kosmopoliten, der in vielen Häfen dieser Welt zuhause ist. Doch sein Herz schlägt für die Hafenstadt Hamburg. »Urlaub«, lacht er, »mache ich auch gerne mal im eigenen Garten mit meiner Freundin und unseren Zwillingen Rasmus und Carlotta.« In Momenten der totalen Entspannung ziehen die dramatischen Momente von hoher See wie Gewitterwolken an seinem geistigen Auge vorbei. Etwa die Kollision der *Swedish Match* mit einem 25 Meter langen Wal, die glimpflich verlief, aber tödlich hätte ausgehen können. Gebrochene Masten, gebrochene Knochen und Schrammen auf der Seele – das ist eine Seite des Volvo Ocean Race, die Kröger prägte. Triumphale Zieldurchgänge, Freundschaften fürs Leben und Abenteuer sind die andere. »Die hohe See wird immer meine Leidenschaft bleiben«, sagt Kröger. Sein größter Traum, die Teilnahme am Volvo Ocean Race auf einer deutschen Yacht, platzte im Jahr 2000. Krögers Dauer-Präsenz in deutschen Medien passte der Führunsgetage der *illbruck Challenge* nicht, die lieber mit ihrem amerikanischen Skipper warb. Sailing Manager und Crew-Mitglied Kröger war sich der Problematik bewusst, konnte aber wenig dagegen unternehmen, dass ihn Journalisten als damals einzigen designierten deutschen Teilnehmer und erfahrenen Weltumsegler immer wieder zum Thema ihrer Berichterstattung machten.

»Ich hätte gerne ein paar mehr deutsche Mitstreiter gehabt«, sagte Kröger immer wieder, »dann hätte sich das Problem mittelfristig von allein erledigt.« Als die Schwierigkeiten zwischen ihm und der Kampag-

Gute Aussichten: Tim Kröger im Einsatz für das Corum Sailing Team, mit dem er 1995 Weltmeister in der Admiral's Cup-Klasse Mumm 36 wurde.

nen-Führung zunahmen, musste Kröger gehen. Das tat weh und war ein Ende mit Schrecken, von dem er erst Monate später überzeugt würde sagen können, dass es besser war, als ein Schrecken ohne Ende. Das Ausmaß der Anti-Kröger-Stimmung offenbarte sich dem ausgemusterten Hamburger, als er Pressefotos der *illbruck Challenge* gedruckt sieht, auf denen man ihn aufwändig hatte wegretuschieren lassen. Nicht erst seitdem weiß Kröger: »Wenn du in Deutschland mehr als einmal in der Zeitung stehst, wächst die Zahl der Neider mit jedem gedruckten Wort. Man muss lernen, damit umzugehen.«

Ein Anruf der ungewöhnlichen Art holte Kröger, der im Spätsommer 2000 gerade als Anbord-Stratege mit Winnie Graws *Schini* die Klassenwertung des Baltic Offshore Nations Cup vor Greifswald gewonnen hatte, vier Tage vor seinem Geburtstag am 25. August 2000 zurück in die internationale Segelwelt. Kröger lud auf dem Parkplatz eines Hamburger Getränkemarktes gerade ein paar Mineralwasser- und Saft-Kisten in den Kofferraum seines Autos, als das Mobiltelefon klingelte: »Hello Timmy, this is Steve Fossett.« Der US-Milliardär und Abenteurer heuerte Kröger für einen Transatlantik-Rekordversuch an.

2001 tauschte Kröger nach dem missglückten The Race-Startversuch auf Fossetts *PlayStation* – der Maxi-Katamaran musste das Rennen zwei Wochen nach dem Start mit Schwertbruch aufgeben – den Einsatzbereich auf hoher See gegen einen auf dem küstennahen America's Cup-Kurs. Sogar für Kröger selbst war das ein ungeplanter Fachwechsel, der ihm und seiner Familie noch mehr Flexibilität abverlangte. Doch Kröger konnte und wollte dem Angebot der französischen America's Cup-Kampagne *Le Défi* nicht widerstehen und siedelte für eineinhalb Jahre in die Bretagne um.

»Es gibt zwei Gipfel im internationalen Segelsport: Das Volvo Ocean Race und den America's Cup. Mir wurde für den America's Cup eine Aufgabe angeboten, die in ihrer Vielschichtigkeit und in ihrem Anspruch hundertprozentig meinen Träumen und meiner Erfahrung entsprach. So eine Chance bekommt man nur selten im Leben.«

JOCHEN SCHÜMANN
Von 0 auf 99 – ein Team aus 15 Ländern wächst zusammen

Ich war nach den Olympischen Spielen in Sydney nur eine Handvoll Tage zuhause in Penzberg, bevor ich wieder im Flugzeug in Richtung Genf saß. Als ich am Gepäckband in der Ankunftshalle auf meine Taschen wartete, sah ich ein paar Segeltaschen vorbeifahren, die nicht mir gehörten. Also schaute ich mich um und entdeckte schließlich den holländischen Ingenieur Dirk Kramers. Wir schauten uns in die Augen, lachten und sagten beide: »Ach, du hast auch einen Termin mit *Alinghi*?« Kramers zählte neben Rolf Vrolijk zu den erfahrensten und wichtigsten Mitgliedern des Design-Teams.

Unsere ersten *Alinghi*-Meetings fanden samt und sonders in Konferenzräumen von Hotels statt. Ich habe gar nicht lange gefackelt und mir bereits am ersten Tag ein Quartier in Genf besorgt. Es regnete wie aus Eimern, was meine Suche noch beschleunigte. Ich fand ein schlichtes Apartment in einem Neubaublock im Zentrum der Stadt in der Rue de Corbusier 28. Die Wohnung befand

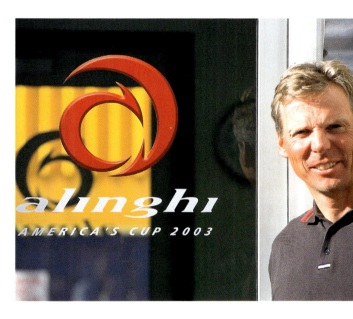

Willkommen bei *Alinghi*: Sportdirektor Jochen Schümann vor der gläsernen Eingangstür zur *Alinghi* Base in der Halsey Street in Auckland.

Schweizer Talent mit Perspektive: Enrico de Maria kam als ganz normaler Binnensee-Segler ins Team und schaffte den Sprung in die Race-Crew.

Blick ins Powerhouse der *Alinghi*: Hier funktioniert die Abstimmung zwischen Mensch und Maschine nahezu perfekt.

sich im neunten Stockwerk und bot einen guten Blick auf die Stadt und das berühmte Panorama des Mont Salève.

Nachdem ich meinen Vertrag unterschrieben hatte, konzentrierte ich mich zunächst darauf, einige »Schweizer Pfähle« für unser Team einzuschlagen. Es war weniger ein Problem, dem Team internationale Kompetenz zu verschaffen, als vielmehr auch seine Schweizer Identität zu wahren. Ich hatte dabei das richtige Gefühl und auch das Glück, nach und nach die richtigen Leute kennen zu lernen. Dazu gehörten beispielsweise unser Schweizer Konditionstrainer Jean-Pierre Egger, der später auch sehr erfolgreich Aufgaben in den Bereichen Psychologie und Motivation übernahm, und unser Teamarzt in der Schweiz, der Däne Finn Mahler aus dem Hospital La Tour in Genf. Es war gar nicht so einfach, ausreichend namhafte sowie erfahrene Leute für Alinghi zu finden. Wir hatten uns den Einstieg eigentlich auf noch höherem Niveau vorgestellt. Doch wir mussten auch die eine oder andere Absage von Seglern hinnehmen, die bereits andere Verpflichtungen hatten. Wir waren – das war uns bewusst – mit unserem Durchstart im Herbst 2000 nicht gerade das erste America's Cup-Team, das mit Blick auf die 31. America's Cup-Auflage aus den Startblöcken kam.

Durch die Absagen international erfahrener Segler bekamen aber viele junge Schweizer eine Chance, in unserer Mannschaft mitzuarbeiten, z.B. ein Mann wie Enrico de Maria, ein ganz normaler Binnensee-Segler, der damals als Ingenieur in einem Institut arbeitete. Der hat in den Anfangszeiten bei mir im Apartment auf einer Matratze gewohnt. Und es gab nicht wenige, die sich hinter seinem Rücken erkundigten, was der Junge eigentlich bei *Alinghi* zu suchen hätte. Doch er nutzte seine Chance und zählte in Auckland sogar mehrmals zur Race Crew. Wie er, so bekamen auch andere Talente ihre Chance – manchmal durch einen Zufall oder einfach mithilfe von Flüsterpropaganda. Ich hätte sicher auch dem einen oder anderen deutschen Segler den Weg in die Schweiz ebnen können, doch leider hatten diejenigen, die das Zeug dazu gehabt hätten, nicht den absoluten Willen, für den America's Cup-Einsatz andere Karrierepläne für einige Jahre auf Eis zu legen.

Der Sichtungs- und Entscheidungsprozess bezüglich unserer internationalen Teammitglieder war Ende 2000 beendet. Als wir am 1. März 2001 den Kern unseres Teams beisammen hatten, haben wir über alle weiteren Neuzugänge im Konsens entschieden. Ich halte diese Methode für sinnvoll, weil so grundsätzliche zwischenmenschliche

In Form des *Alinghi*-Logos formiert:
Mehr als 100 Männer und Frauen aus 15 Nationen bilden die *Alinghi Challenge*. Links vorne steht Russell Coutts, rechts vorne Ernesto Bertarelli.

Probleme weitgehend verhindert werden können. Man kann es sich wie ein großes kompliziertes Puzzle vorstellen, von dem die Eckstücke vorhanden sind. Alle weiteren Teile müssen einfach dazu passen, sonst ergibt sich kein stimmiges Gesamtbild.
Als unser überholtes Trainingsboot *SUI 59* – die alte *Be Happy* – im Frühjahr 2001 einsatzbereit war, zogen wir mit dem gesamten Team an die französische Mittelmeerküste nach Sète um. Hier begann der schwierige Prozess, die Cup-Neulinge mit America's Cup-Siegern wie Russell, Brad und den anderen Kiwis oder den Amerikanern Josh Belsky und John Barnitt zu einem Team zusammenzuschweißen. Es war eine harte Zeit, denn insbesondere die Neuen mussten sich erst an die Tretmühle America's Cup und die vielen Stunden Arbeit auf dem Wasser und an Land gewöhnen. Damals haben binnen weniger Wochen wirklich alle kapiert, worum es im Cup geht und wie viel Engagement er fordert.
Russell und mir lag viel daran, in unserem Team keine Egos heranwachsen zu lassen. Wir haben uns weder gescheut, einen zu übermütigen Segler für eine Weile vom Boot zu nehmen, noch davor, täglich die Position wechseln zu lassen, bis alle im Team unsere Botschaft begriffen hatten. Ich denke, wir haben ein relativ striktes Regi-

Mann mit viel Überblick: *Alinghis* Denker und Lenker Russell Coutts am Rad. Um ihn herum seine »Berater«, Großschottrimmer Warwick Fleury (r.), Taktiker Brad Butterworth (2.v.r.) und Stratege Jochen Schümann (l.).

ment gegen allzu abgehobene Sprüche und schräge Egos geführt. Und das war gut so.

Unter den 32 Seglern, die wir am Ende auswählten, waren immerhin neun Schweizer. Es hat aber bis zum Sommer 2002 gedauert, die gegenseitige Akzeptanz aller Crew-Mitglieder untereinander herzustellen. Unsere Disziplin hat letztlich zu einem engen Zusammenrücken des gesamten Teams geführt. Hilfreich war dabei sicher auch, dass wir uns als Afterguard in keinerlei Konkurrenz-Situation zueinander befanden. Niemand von uns hatte es angesichts vergangener Erfolge nötig, das eigene Ego heraushängen zu lassen.

In diesem Zusammenhang war es nicht schwer, die immer wieder gestellte Frage nach meinem möglichen Einsatz am Steuer der *Alinghi* in einem Cup-Rennen zu beantworten. Russell war sehr erfolgreich, und es gab keinen Grund für einen Wechsel. Es gab Augenblicke, da hätte ich sicher nicht mit Russell tauschen mögen, und ich war froh, nicht dieses Kribbeln der Anspannung im Bauch zu haben. Natürlich gab es auch Momente, in denen ich mir gewünscht habe, an seiner Stelle zu sein, es vielleicht sogar hier oder da besser zu machen. Aber bei uns galt das Prinzip des Besten auf jeder Position – und das galt für jeden. Auch als Russells Backup hatte ich genügend Motivation, Arbeit, Verantwortung und Spaß.

Im November 2001 sind wir nach Auckland umgezogen. Als wir dort schließlich das Training mit unseren beiden neuen Yachten aufnehmen konnten, erwies sich schnell, dass sowohl die beiden Yachten als auch die in zwei Gruppen aufgeteilten Teams sich durchaus ebenbürtig waren. Obwohl wir im offiziellen Sprachgebrauch nie von A- oder B-Team sprachen, hat die so genannte B-Mannschaft das A-Team mindestens so oft geschlagen wie umgekehrt. Das war nicht nur

Emotionaler Boss:
Ernesto Bertarelli ballt die Fäuste nach einem Sieg. Der Initiator *Alinghis* war als Navigator in fast allen Cup-Rennen im Einsatz.

Balsam für jene, die sich gerade nicht im Top-Team befanden, sondern auch Motivation und Druck für das andere Team, es schon beim nächsten Mal wieder besser zu machen.

Wenn ich an einzelne Teammitglieder zurückdenke, die mir besonders aufgefallen sind, dann würde ich Leute wie Navigator Juan Vila oder Rodney Ardern erwähnen. Beide kamen nach Engagements im Volvo Ocean Race als Nicht-Schweizer zu spät in unsere Kampagne, um auf der Rennyacht im Einsatz sein zu dürfen. Die damalige Nationalitätenregel, die wir inzwischen gekippt haben, verbot das. Aber natürlich haben wir Juan nicht als Hilfselektriker und Rodney auch nicht als Deckshand geholt. Beide sollten schon dieses Mal ihre enormen Erfahrungen einbringen und wichtige Schritte für die nächste Kampagne unternehmen.

Da waren Segler wie Pieter van Nieuwenhuizen, den wir »Straight Piet« nannten. Nicht nur deshalb, weil es mit Peter van Niekerk einen zweiten holländischen »Peter« mit ähnlich klingendem Namen im Team gab, der aber – im Gegensatz zu »Straight Piet« – Kringellocken auf dem Kopf trug, sondern weil er extrem gradlinig bei allem vorgeht. »Straight Piet« zählt ganz sicher zu den besten Vorschiffsleuten der Welt und besteht jeden Vergleich mit neuseeländischen oder internationalen Seglern. Trotzdem segelte er während der AC-Rennen in der Allround-Position von Runner/Grinder/Pit, weil er hier mit seiner Kraft und seinem Durchsetzungsvermögen unserem Team am meisten nutzen konnte.

Und es gab Leute wie Francesco Rapetti, den wir alle »Cicco« nannten. Er hat keines der üblichen

Vorurteile gegenüber Italienern bestätigt, war ein Super-Profi, extrem gut organisiert und zuverlässig. Oder Curtis Blewett, ein ziemlich verrückter Typ mit sehr viel Biss. Der ging auch ohne Fall den Mast hoch. Oder er fuhr zum Matterhorn, um es allein zu besteigen. In Auckland hat er dann irgendwann Tonnen von Holz in die neuseeländischen Wälder gebracht, um in Woodhill einen Mountain Bike-Parcours aufzubauen, den er dann bei Dunkelheit mit Nachtsichtgerät absolvierte. Nie vergessen werde ich Christian »Kiki« Karcher, dessen Gesundheit ihm den Höhepunkt seiner Karriere ruinieren sollte. Seine bereits mehrfach operierte Hüfte versagte noch vor dem America's Cup-Duell gegen die Kiwis den Dienst. Das war bitter für Kiki, der für unser Team als große moralische Stütze fungierte und in Sachen Kampfgeist fast schon so etwas wie unsere Symbolfigur darstellte.

Es gibt zwei Dinge, die ich im Nachhinein über unser Team sagen kann: Zum einen harmonierten wir deshalb so gut, weil bei uns das Gesetz des offenen Wortes herrschte. Ernesto hatte es so gewollt. Russell und ich auch. Wir haben unsere Leute zu Kritik ermuntert. Das Ergebnis dieser Politik in Form von konstant steigenden Leistungen hat uns Recht gegeben. Zum anderen hatten wir wirklich Spaß zusammen – auch das ist für den Erfolg wichtig. Deshalb ist es gut, jemanden wie Brad Butterworth im Team zu haben, der nicht nur als Taktiker über einzigartige Qualitäten verfügt, sondern mit sinnvoll-blöden Bemerkungen zur rechten Zeit auch für entspannte und heitere Momente sorgte.

Wir konnten uns zu jeder Zeit auf jedes Teammitglied verlassen. Egal, ob es darum ging, Nachtschichten zu schieben, oder früh morgens im Dunkeln vor 5 Uhr bei der Wasservermessung unserer Yachten zu helfen. Niemand nahm sich heraus, etwas Besonderes darstellen zu wollen. Nicht mal Ernesto, der genauso früh morgens um 6.30 Uhr mit uns Gewichte im Gym stemmte, wie er abends zu Fuß ein paar Kilometer in den benachbarten Stadtteil Parnell spazierte, um dort in irgendeiner Bude Fish & Chips zu essen.

Ich habe die Überschrift zu diesem Beitrag »Von 0 auf 99« nur deshalb nicht von »0 auf 100« genannt, weil ich der Meinung bin, dass es totale Perfektion im Segelsport mit seinen nicht greifbaren Medien Wasser und Luft nicht geben kann. Irgendetwas ist immer noch zu verbessern, die Arbeit eines Segelteams hört nie auf. Und immer noch ist es der Faktor Mensch, der das Boot am schnellsten macht.

Die Leute waren immer erstaunt, wenn ich in Interviews erzählte, dass wir morgens um 6.30 Uhr mit dem Training begannen. Ich habe auf dem Rückflug von Auckland nach Genf das Buch des überragenden Tour de France-Siegers Lance Armstrong gelesen, was mich sehr beeindruckt hat. Er hat sein Training schon morgens um 5.30 Uhr begonnen…

ROLF VROLIJK
Weniger ist mehr – eine Allround-Yacht für *Alinghis* Elite-Einheit

Das Telefon klingelte Anfang Mai 2000. Wie ich später herausfand, hat Russell Coutts mich direkt nach der Bekanntgabe seines Wechsels von *Team New Zealand* zum Schweizer *Team Alinghi* angerufen. Er erzählte mir, dass er ein viel versprechendes europäisches Projekt an der Hand hätte. Und er wollte wissen, ob ich interessiert sei, als Chefdesigner mitzuarbeiten. Wenn das der Fall sei, könne er in zwei Tagen in Hamburg sein, weil er ohnehin gerade auf dem Rückweg von New York nach Auckland war. Ich sagte, dass ich natürlich interessiert sei. Dabei dachte ich die ganze Zeit, es ginge um ein Projekt für das Volvo Ocean Race. Es war ja bekannt, dass Russell über ein solches Engagement immerhin laut nachgedacht hatte. Ich fragte also am Ende noch einmal nach, worum es denn ginge. Als er »America's Cup« sagte, sagte ich nur: »Bitte was?«

Wir trafen uns tatsächlich zwei Tage später am Hamburger Flughafen. Russell brachte *Alinghis* Projektmanager Michel Bonnefous mit. Wir unterhielten uns, und das Projekt schien mir Hand und Fuß zu haben. Ich sagte, dass ich weiterhin interessiert sei, aber gerne Ernesto Bertarelli sprechen wolle. Den entsprechenden Termin legten wir für das kommende Wochenende in Genf fest.

Zu der Zeit saß mir ja auch noch Michael Illbruck mit seinen America's Cup-Plänen im Nacken. Das Gespräch mit Bertarelli verlief so, wie es später immer wieder war: Fachlich versiert und interessiert, offen und einfach nett. Ich war von den Möglichkeiten der Kampagne überzeugt, als ich mit vielen positiven Gedanken im Kopf nach Hause flog.

Anfang der Woche meldete sich dann noch die *Prada Challenge*. Die verhandelten zwar auch mit Doug Peterson, wollten aber meine Verfügbarkeit schon einmal ausloten. Ich sagte nur, dass ich am Wochenende in Genf gewesen sei und nicht mehr zur Verfügung stünde, wenn alles gut liefe. Auch Michael Illbruck habe ich dann abgesagt.

Der Segler unter den Designern: *Alinghis* Konstrukteur Rolf Vrolijk ist wesentlich öfter im Einsatz an Bord zu sehen als seine internationalen Kollegen. Auch deswegen holte Coutts den Niederländer zu *Alinghi*.

Mein Vertrag mit *Alinghi* begann am 1. Juni 2000. Ich war nach Russell und Brad Butterworth der Dritte im Bunde. Russell und Brad haben bei der Verpflichtung ihrer Mitstreiter nach zwei Prinzipien gearbeitet, die ineinander griffen: Zunächst haben sie ihre Wunschkandidaten für die Schlüsselpositionen verpflichtet. Anschließend dann haben wir immer gemeinsam mit allen schon angestellten Leuten die Nächsten ausgewählt. So ist unser Team demokratisch gewachsen. Ich beispielsweise brachte meinen spanischen Kollegen Manolo Ruiz de Elvira mit. Wir waren schon ein gutes Team, als wir *Bravo España* für die spanische America's Cup-Kampagne der letzten Cup-Auflage konstruierten. Mit unserem kleinen Kernteam zogen wir im Sommer 2000 in ein Genfer Stadtbüro. Gewohnt haben wir in dieser Zeit in Hotels. Wie so vieles bei *Alinghi* war auch die Auswahl der Unterkunft jedem Mitglied freigestellt. In diesen Sommermonaten sondierten wir intensiv Software-Programme, befassten uns mit ihrer Installierung und den Anwendungsmöglichkeiten. Außerdem bereiteten wir die ersten Schlepptankversuche vor.

Im Juli gab es dann ein Meeting mit leicht erweitertem Kreis. Mit dabei waren auch der im Bootsbau sehr erfahrene Neuseeländer Richard Gillies, der schon am Bau der *Bravo España* mitgearbeitet hatte. Außerdem Bertrand Cardis von der renommierten Schweizer Werft Decision SA. Wir beschlossen, die Boote in einer großen Werfthalle in Vevey zu bauen. Dabei gab es noch eine kleine und für den America's Cup ganz typische Überraschung: Richard Gillies rief uns einige Zeit später genau an dem Tag an, an dem er bei uns zu seinem ersten Arbeitstag antreten sollte. Seine überraschende Botschaft: Er könne leider nicht

Die internationale Presse nannte Patrizio Bertelli (links) und Ernesto Bertarelli die »Thriller B's« in Anspielung auf ihren Status als Milliardäre (engl.: Billionaire).

kommen, denn er hätte mit *Oracle* gesprochen und von denen ein besseres Angebot bekommen. Im Spätsommer sind wir mit unserem Design-Team nach Vevey umgezogen. Ein Meeting jagte zu dieser Zeit das Nächste. Es gab unendlich viel zu planen: Wie organisiert man die Design-, Test- und Bootsbauprozesse optimal? Wie und mit welchen Budgets plant man? Es galt, drei Jahre Arbeit bis ins Detail festzulegen. Zur Erarbeitung des Konzepts nutzten wir ein Programm namens Microsoft Project, das uns nach anfänglichen Lernprozessen sehr gute Dienste erwiesen hat.

Imposantes Spiel der Kräfte: *Alinghi* kurz vor dem Runden der Luvtonne. Der Spinnakerbaum ist in Position, das Großsegel und das Leebackstag bereits weit gefiert.

am Schiff vor, denn die Marge der erlaubten 50 Prozent Veränderungen am Rumpf hatten wir immer noch nicht voll ausgeschöpft. So kamen wir Schritt für Schritt voran.

Unsere Gedanken zur Grundphilosophie einer erfolgreichen Cup-Yacht hatten mit der Frage begonnen, wie eine Yacht sein müsse, um eine ganze Serie mit vielen wechselnden Bedingungen gut zu überstehen. Wir waren früh der Meinung, dass die Bedingungen im Louis Vuitton Cup und im America's Cup nicht so unterschiedlich sein würden, wie alle dachten.

Also wollten wir in der Mitte gut sein. Die Mitte lag für uns bei etwa zwölf Knoten Wind. Darüber hinaus mussten und wollten wir uns natürlich nach oben wie nach unten absichern. Dazu kam die Erkenntnis, dass wir vor allem am Wind schnell sein wollten. Russell sagte, dass er eine Führung vor dem Wind auch gegen einen schnelleren Gegner verteidigen könne, dass er aber am

Die internationale Presse nannte Patrizio Bertelli (links) und Ernesto Bertarelli die »Thriller B's« in Anspielung auf ihren Status als Milliardäre (engl.: Billionaire).

kommen, denn er hätte mit *Oracle* gesprochen und von denen ein besseres Angebot bekommen. Im Spätsommer sind wir mit unserem Design-Team nach Vevey umgezogen. Ein Meeting jagte zu dieser Zeit das Nächste. Es gab unendlich viel zu planen: Wie organisiert man die Design-, Test- und Bootsbauprozesse optimal? Wie und mit welchen Budgets plant man? Es galt, drei Jahre Arbeit bis ins Detail festzulegen. Zur Erarbeitung des Konzepts nutzten wir ein Programm namens Microsoft Project, das uns nach anfänglichen Lernprozessen sehr gute Dienste erwiesen hat.

Imposantes Spiel der Kräfte: *Alinghi* kurz vor dem Runden der Luvtonne. Der Spinnakerbaum ist in Position, das Großsegel und das Leebackstag bereits weit gefiert.

Es folgten intensive Diskussionen über den Sinn oder Unsinn des Erwerbs mehrerer gebrauchter Cup-Yachten als Basis für Training und den Neubauprozess. Wir waren mehrheitlich dagegen, mussten aber Ernesto davon überzeugen – der wusste, dass die meisten Projekte in der Vergangenheit eben mit solchen Gebraucht-Paketen angefangen hatten.

Wir haben dagegen schnell entschieden, dass es Sinn macht, die alte Schweizer America's Cup-Yacht *Be Happy* zu kaufen. Eine Entscheidung, die sich später als goldrichtig erweisen sollte. Für uns war das gelbe Boot nie mehr als eine Rumpfschale. Wo sein Mast abgeblieben war, wusste ohnehin niemand mehr. Andere Ausrüstung wie Winschen waren damals nach dem Aus im Cup direkt in Auckland verkauft worden, um von dem Erlös die offenen Löhne der Segler von *Fast 2000* zu begleichen.

Wir nutzten die damalige Regel, dass man bis zu 50 Prozent des Rumpfes einer alten Yacht verändern konnte und sie doch als »alte« Yacht galt. Erlaubt waren jedem Herausforderer für die 31. Cup-Auflage maximal zwei Neubauten.

Diese erste Bauphase nutzten wir dazu, unsere Bootsbauer anzulernen, unser Logistik-Netz zu knüpfen, unseren ersten Mast selbst zu konstruieren. Wir haben dem Boot auch neue Anhängsel verpasst, ein neues Ruder und einen neuen Kiel, um seine Balance zu checken und erste wichtige Erkenntnisse in dieser Richtung zu sammeln. Es

Unter A-Sail (asymetrischer Spinnaker) und Stagsegel entfaltet *Alinghi* ihr enormes Geschwindigkeitspotenzial auf dem Hauraki-Golf.

war eine sehr gute Übung für alle Beteiligten, an deren Ende ein Boot stand, das so gut wie neu war, aber als »alt« galt.

Während wir im Frühjahr 2001 mit dem Bau der ersten neuen Cup-Yacht begannen, zog das Segelteam zum Training auf der Ex-*Be Happy* mit der Segelnummer *SUI 59* nach Sète um. Ein glücklicher Zufall sorgte dafür, dass unser Programm noch besser lief als geplant, denn auch die Schweden trainierten hier. Zwar war es laut Reglement nicht erlaubt, technische Daten auszutauschen, doch gegen gemeinsames Regatta-Training gab es nichts einzuwenden. Bis September nutzten beide Teams die Gegebenheiten intensiv. Dabei testeten wir vor allem neue Strukturverbindungen, die wir auf der *SUI 59* eingebaut hatten, um sie dann für die neue Yacht anzuwenden.

Als unsere *SUI 64* – die spätere Cup-Gewinnerin – im Oktober fertig war, hatten wir parallel schon eine neue Generation Masten, eine neue Generation Segel und eine neue Struktur-Generation entwickelt. Die *SUI 64* wurde gemeinsam mit der schwedischen *SWE 63* nach Auckland geflogen, während wir *SUI 59* mit gleichem Zielort verschifft hatten.

In Auckland haben wir nach ersten Trainingseinsätzen mit *SUI 59* – beispielsweise gegen die *Prada*-Trainingsyacht, die ehemalige *Young America* – sofort gesehen, dass sie ein gutes Boot war. Noch einmal nahmen wir Veränderungen

am Schiff vor, denn die Marge der erlaubten 50 Prozent Veränderungen am Rumpf hatten wir immer noch nicht voll ausgeschöpft. So kamen wir Schritt für Schritt voran.

Unsere Gedanken zur Grundphilosophie einer erfolgreichen Cup-Yacht hatten mit der Frage begonnen, wie eine Yacht sein müsse, um eine ganze Serie mit vielen wechselnden Bedingungen gut zu überstehen. Wir waren früh der Meinung, dass die Bedingungen im Louis Vuitton Cup und im America's Cup nicht so unterschiedlich sein würden, wie alle dachten.

Also wollten wir in der Mitte gut sein. Die Mitte lag für uns bei etwa zwölf Knoten Wind. Darüber hinaus mussten und wollten wir uns natürlich nach oben wie nach unten absichern. Dazu kam die Erkenntnis, dass wir vor allem am Wind schnell sein wollten. Russell sagte, dass er eine Führung vor dem Wind auch gegen einen schnelleren Gegner verteidigen könne, dass er aber am

Alinghi und *Oracle BMW Racing* im Startduell. *Alinghis* Vorschiffsmann Piet van Nieuwenhuizen muss wie ein Akrobat arbeiten, um das enorme Drehmoment des Bootes auszugleichen.

Wind unbedingt vorne sein wolle. In diese Richtung haben wir dann konstant gearbeitet.

Wie man am Wind schnell wird? Man muss für möglichst wenig Abdrift sorgen und gute Höhe fahren können. Außerdem ist die Balance des Schiffes sehr wichtig – also die Frage: Wie liegt das Schiff auf dem Ruder? Das Zusammenspiel zwischen Segeln und Anhängen muss in die richtige Richtung wirken. Und immer noch gilt: Länge läuft. Am Wind noch besser als vor dem Wind. Länge ist wichtiger als beispielsweise eine enorm große Segelfläche.

Natürlich ist es so, dass man mit jedem gewünschten Vorteil auch einen Nachteil in Kauf nehmen muss. Du bekommst etwas und musst dafür etwas anderes hergeben. Wir haben auch deshalb vergleichsweise früh mit unseren Schlepptankversuchen aufgehört und auf 1:1-Tests umgestellt. So konnten die Segler früher und besser mitentscheiden, was wir tun und wie der jeweils nächste Schritt aussehen sollte. Unser Boot hatte damit einen besonderen Charakter bekommen, der sich aus unseren Analysen, den Beobachtungen der Segler und ihren Wünschen zusammensetzte.

Es gab eine weitere Grundsatzentscheidung: Wollen wir eine kleinere oder größere Kielfläche? Wir haben uns gegen die Computer-Theorie und gegen den allgemeinen Trend für eine größere Kielfläche entschieden, weil wir davon ausgingen, dass die Segler damit besser zurechtkommen. Eine größere Kielfläche bietet den Seglern mehr Optionen. Sie können freier wählen, ob sie höher oder tiefer steuern wollen. So blieb uns im Rennen immer die Wahl, während unsere Gegner meist nur »einen Gang« zur Verfügung hatten und auf uns reagieren mussten. Wir haben agiert. Richtig ist, dass wir nicht immer sicher waren, ob *SUI 64* auch bei leichten Winden stark genug sein würde. Deswegen haben wir unsere zweite neue Yacht *SUI 75* etwas mehr in die Leichtwind-Richtung optimiert. Darüber haben wir die *SUI 64* nicht vergessen und auch sie Schritt für Schritt für leichte Winde perfektioniert, ohne wichtige andere Qualitäten zu verlieren.

Für die Leistungsfähigkeit von *SUI 64* bei leichten Winden war das Finale um den Louis Vuitton Cup gegen *Oracle BMW Racing* der perfekte Test. Die Amerikaner hatten zu diesem Finale aus ihrem ehemaligen Starkwind-Express eine Leichtwind-Rakete gemacht. Dass wir sie dennoch besiegten, hat uns ungeheuer viel Selbstbewusstsein gegeben, denn wir wussten, dass wir in allen anderen Bereichen ohnehin stark waren.

Im Gegensatz zu anderen Kampagnen wie *Prada* oder *Oracle BMW Racing* haben wir unsere Boote immer nur in kleinen Schritten verändert. Vielleicht mal hier 10 Millimeter an der Bombe weggefräst oder dort etwas vergrößert. Wir waren vorsichtig, aber konsequent. Und wir sind sicher, dass auch *SUI 75* den America's Cup gewonnen hätte.

TIM KRÖGER
Der Weg ist das Ziel –
Ansichten aus der Froschperspektive

Kurz nach dem Start zu The Race: Tim Kröger am Rad des Maxi-Katamarans *PlayStation*.

Februar 2001. Ich war gerade zurück von »The Race«. Für unser Team auf Steve Fossetts *PlayStation* hatte The Race gerade mal zwei Wochen gedauert. Dann war er schon aus, der Traum von der rasanten Weltumrundung auf zwei Kufen. Wir hatten just die Passatwinde südlich des Äquators erreicht, als mit unserem Schwert am 13. Januar auch alle Hoffnungen zerbarsten. Wir waren damals 13 Mann an Bord. Und kurz vor dem Schwertbruch hatten wir auch noch eine Rolle Küchenpapier mit aufgedruckten Hasen in der Pantry entdeckt. Hasen an Bord! Ich bin üblicherweise nicht so sehr abergläubisch, doch diese geballte Ladung an schlechten Vorzeichen war wohl doch zu viel. Wir segelten die *PlayStation*, damals mit 125 Fuß Länge der größte Regatta-Katamaran der Welt, noch rund drei Wochen mit gedrosselter Geschwindigkeit hinüber nach West Palm Beach und flogen anschließend nach Hause. Zurück in Hamburg machte ich mir Gedanken über kommende Projekte. Ich stand immer noch

Le Défis Initiatoren: Sportdirektor Pierre Mas (l.) und der Technische Direktor Luc Gellusseau auf der Base in Lorient.

mit zwei Volvo Ocean Race-Kampagnen in Verhandlung: *Assa Abloy* und *Amer Sports One*. Doch die Gespräche verliefen zäh, weil sich innerhalb der beiden Kampagnen ständig personelle Veränderungen ergaben.

Als ich am 19. Februar morgens meine Mail-Box checkte, staunte ich: Da war eine Nachricht von Pierre Mas, mit dessen Corum Sailing Team ich 1994/95 eineinhalb Jahre gesegelt hatte. Zusammen mit seinem Partner Luc Gellusseau feierten wir ein fast berauschend erfolgreiches Jahr, das wir 1995 mit dem Weltmeister-Titel in der damaligen Admiral's Cup-Klasse Mumm 36 krönten. Doch dieser Intensiv-Einsatz für die Franzosen lag sechs Jahre zurück. Ich öffnete also die Mail von Pierre und erwartete das Übliche. Sicher würde er wieder einmal meine Hilfe für eine Kanaldurchquerung in Richtung Kiel benötigen. Oder ähnliche logistische Schützenhilfe. Ich war erstaunt, als ich seine kurze Botschaft las: »Timmy, ich habe alle deine Telefonnummern verloren. Ruf mich dringend an!« Natürlich hatte er das auf Französisch geschrieben.

Ich schickte ihm meine Telefonnummern, und er meldete sich am folgenden Morgen. Er wollte wissen, ob ich Lust hätte, die französische America's Cup-Kampagne *Le Défi* zu verstärken, die er als Sportdirektor zusammen mit Luc Gellusseau als Technischem Direktor leitete. Ich hatte bis dahin niemals über einen Einsatz im America's Cup nachgedacht. Seine Frage stellte alle meine Pläne auf den Kopf. Meine Gedanken rasten. Und ich musste lachen, denn meine Freundin hatte mir zu Weihnachten ein Halbmodell der *America* geschenkt, die ich gerade drei Tage zuvor an der Wand in unserem Wohnzimmer aufgehängt hatte. Was für ein Omen...

Pierre bot mir eine verantwortungsvolle Position als Boat Captain und einen festen Platz im Segelteam an. Dabei war sofort klar: Die Zeit drängte. Ich wusste, dass ich laut Nationalitäten-Regel im America's Cup meinen Wohnsitz spätestens ab 1. März 2001 nach Lorient in die Bretagne verlegen müsste. Dort arbeitete die erste kleine Kerntruppe von *Le Défi* bereits seit ein paar Wochen. Es waren nur noch zehn Tage bis zum 1. März... Tausend und eine Frage schossen mir durch den Kopf. Ich bat um einen Tag Bedenkzeit. Mehr war angesichts der gebotenen Eile nicht drin. Ich besprach die Lage mit meiner Familie, denn die anstehende Entscheidung würde einschneidende Auswirkungen auf unser Leben mit sich bringen. Unsere Zwillinge waren damals noch nicht ganz ein Jahr alt. Meine Freundin arbeitet als Journalistin. Es war schnell klar, dass die Familie nicht mit nach Lorient gehen würde, denn dort hätten wir keine Oma oder Freunde, die uns in der Kinderbetreuung unterstützen könnten so wie es in Hamburg der Fall war.

Meine Freundin hätte also ihren Job aufgeben müssen. Das kam nicht in Frage. Außerdem wussten wir: Die Kampagne würde mich mit

Ein Däne in Frankreich: North Sails-Partner Henrik Söderlund zählt zu den besten Segeldesignern der Welt und hätte mit mehr Zeit und Geld sicher mehr bewegen können.

Haut und Haaren verschlingen. Die Arbeit würde früh morgens beginnen und mich oft erst nachts loslassen. Inklusive Wochenenden. Unter diesen Voraussetzungen eine ganze Familie zu verpflanzen, macht keinen Sinn. Wir entschieden uns, das Leben und die neue Aufgabe mit getrennten Wohnsitzen anzugehen.

Dann ging alles ganz schnell. Ich flog am 27. Februar nach Paris, wo wir den bereits in den vorangegangenen Tagen abgestimmten Arbeitsvertrag unterzeichneten. Am gleichen Nachmittag nahm ich mit Agnès El Beze, der guten Seele unseres Projektes, den Zug nach Lorient. Mithilfe eines Maklerbüros fanden wir schnell eine kleine und bezahlbare Unterkunft für mich. Es war ein Mini-Häuschen im Garten der Villa des Maklers. Da ich die Miete selbst zu bezahlen hatte, durfte die neue Behausung weder groß noch teuer sein. Mit zweimal elf Quadratmetern inklusive Bad und Küchenzeile kam ich mir vor wie in meiner Studentenzeit. Eineinhalb Jahre sollte das »Petit Maison« in der Rue Victor Hugo Nummer 51 nun mein Zuhause sein.

Zurück in Hamburg führte mein erster Weg zu IKEA. Ich hatte mir vorgenommen, nicht mehr als 3 000 Mark in die komplette Einrichtung des Häuschens zu stecken. In unserer Kampagne war das Geld knapp, und so mussten wir auch persönliche Notwendigkeiten selbst bezahlen. Ich weiß zwar bis heute nicht, wie ich die Tische, Stühle, Borde und das Schlafsofa in meinen Volvo V 70 gestopft habe, aber es funktionierte. Anfang März fuhr ich also wieder nach Lorient. Die insgesamt 1400 Kilometer, die ich noch so oft auf vier Rädern absolvieren sollte, ziehen sich reichlich, wenn man alleine fährt.

Mein Leben in der Bretagne begann in den üblichen Anfangswirren einer Cup-Kampagne. Ich aber hatte noch einen zusätzlichen Nachteil: Ich sprach zwar Segel-Französisch, das ich mir Mitte der neunziger Jahre in eineinhalb Jahren mit dem Corum Sailing Team angeeignet hatte, doch für die alltäglichen Aufgaben reichte es vorne und hinten nicht. Ich wusste, dass ich schnell würde lernen müssen. In unserer Kampagne gab es bis auf zwei Australier, die beide mit Französinnen verheiratet waren, und unseren Segel-Designer Henrik Söderlund von North Sails keine Ausländer – also auch keine Gnade, was die Sprache angeht. Die Jungs bemühten sich zwar anfänglich, in Meetings Englisch zu sprechen, doch wer Franzosen ein bisschen kennt, weiß, dass solchen Bemühungen schnell Grenzen gesetzt sind.

Ich quälte mich, den anspruchsvollen technisch geprägten Meetings in einer Sprache zu folgen, der ich noch nicht wirklich mächtig war. Die benötig-

Debriefing nach einer Trainingseinheit: Französisch-Unterricht für Tim Kröger und Aufarbeitung des Segeltages mit »Lehrer« Pierre Mas.

te Konzentration machte mich ungeheuer müde, mal ganz zu schweigen von dem eigenen Anspruch der aktiven Mitgestaltung. Ich war in den ersten Monaten mehr als einmal frustriert. Alles passierte um mich herum, aber nicht wirklich mit mir. Wir begannen damit, die französische Halbfinalistin der 30. America's Cup-Auflage wieder fit zu machen. Ende April war *FRA 46*, die Ex-*Sixième Sens*, einsatzbereit.

In diesem Sommer lief alles parallel. Unsere Trainingsbasis, zunächst nur ein provisorisches Lager in der Base de Sousmarins de Keroman, wurde mit Hilfe und Mitteln der Stadt Lorient langsam in eine moderne Hightech-Schmiede umgewandelt. Es entbehrte nicht einer gewissen Ironie, dass ich hier als einziger Deutscher im Team inmitten alter U-Boot-Bunker arbeitete, die einst von Deutschen errichtet worden waren. In Lorient wurde damals bis zum 10. Mai 1945 gekämpft. Da war der Krieg anderswo längst beendet. Unsere Arbeitsbedingungen waren immer noch von provisorischer Natur. Ich werde nie vergessen, wie wir *FRA 46* zum ersten Mal aus einer der riesigen Hallen holten. Die gigantischen Stahltüren, von denen eine etwa 40 Tonnen schwer war, mussten wir zu dritt aufschieben.

Wir brachten *FRA 46* in die benachbarte Marinewerft DCN. Dort wurde der Refit unter ungewöhnlichen Bedingungen durchgeführt, denn es handelte sich um eine teilweise vom französischen Militär genutzte Werft. Wir bekamen alle Ausweise mit Bild und mussten uns zunächst an die Arbeitszeiten der Angestellten halten. Natürlich wurde auch diese Regel – wie die meisten in Frankreich – schnell aufgeweicht. Ich habe in Frankreich zweierlei gelernt: 1. Warten. 2. Regeln, von denen es im Land der Erfinder der Bürokratie erstaunlich viele gibt, nicht allzu ernst zu nehmen. So waren etwa in der Kantine von DCN überall Rauchverbotsschilder aufgehängt. Doch direkt unter dem größten neben der Essenausgabe stand der Stapel Aschenbecher. C'est la France. Meine Entwicklung als anerkanntes Teammitglied ging langsam voran. Doch ich musste immer noch kämpfen. Als wir im Frühsommer an einem Match-Race am Gardasee teilnahmen, hatte ich meinen Mitarbeitern eine kleine Jobliste dagelassen. Ich hatte gebeten, für die Fallen Rohre ins Cockpit einzubauen. Wir wollten diese Variante mal austesten. Als ich wiederkam, war nichts gemacht. Also nahm ich die Lochsäge selbst in die Hand und sägte Löcher in den Cockpitboden, so wie wir es eineinhalb Wochen zuvor mit unserem Strukturteam besprochen hatten. So überbrückte ich damals öfter meine Sprachmängel und den Gleichmut der Franzosen.

Reaktivierte Riesen: Die 32 Meter langen Masten der französischen America's Cup-Kampagne 2000 werden aus den Bunkern der Base de Sousmarins de Keroman geholt und wieder in Dienst gestellt.

Dann kam dieser eine Tag im Sommer. An das Datum kann ich mich nicht mehr erinnern. Aber an die Erkenntnis. Ich rief abends meine Freundin in Hamburg an und sagte: »Ich kann jetzt

Französisch!« Und genau so war es. Fortan war mein Leben unendlich viel leichter. Ich begann, die Arbeit wirklich zu mögen. Endlich konnte ich auch mal einen Witz machen. Meine Kollegen freuten sich wie sich Franzosen aufrichtig freuen, wenn man ihnen die erwartete Ehre erweist, sich in ihrer, der einzig geltenden Sprache zu unterhalten. Und sie lobten mich eifrig: »Timmy, du sprichst Französisch wie ein Algerier zweiter Generation.«

Und ich machte noch eine interessante Erfahrung: Franzosen kennen keinen Neid. Mag sein, dass diese Qualität ihrem oft individualistisch geprägten Dasein zu verdanken ist. Die Zeitschrift »Yacht« hatte einen Fotografen und einen Reporter nach Lorient entsandt. Dabei entstand ein Porträt über mich, das wenig später veröffentlicht wurde. Überschrift: Der Legionär. Ich tue mich mit dem Begriff etwas schwer, weil er so seelenlos klingt und wehre mich grundsätzlich gegen die Unterstellung, dass wir Segelprofis nur deshalb, weil wir fürs Segeln bezahlt werden, automatisch unsere Leidenschaft verlieren. Ich kann versichern, dass dies nicht der Fall ist. Jedenfalls hatte irgendjemand die »Yacht« in unsere Segelloft geschleppt und da lag sie nun, für jedermann einsehbar. Und alle freuten sich darüber. Nicht, dass meine Kameraden irgendein Wort des deutschen Textes verstanden hätten. Aber die Überschrift, die begriffen sie natürlich sofort. Es war interessant, wie sich unsere unterschiedlichen Ansätze im Zusammenspiel ergänzten. Ich gebe freimütig zu, ein Pedant zu sein. Das halte ich selbst für wichtig, andere bisweilen für übertrieben bis eckig. So habe ich beispielsweise die Griffe aller Werkzeuge aus meinem Arbeitsbereich orange angemalt. Ich hatte keine Lust, dass alles ständig verschleppt und nicht wiedergebracht wurde und bei Bedarf nicht mehr auffindbar war. Derartige »Lässigkeit« kostet Kampagnen richtig Geld und geht mir grundsätzlich gegen den Strich. Kaum war das Gerät angemalt, tendierte die Verlustrate gegen Null. Sollte ich jemals wieder mit der Organisation einer Cup-Kampagne zu tun bekommen, dann werde ich als Erstes einen interessierten Rentner oder sonstwie zuverlässigen Menschen einstellen, der sich ausschließlich um die Organisation und Überwachung der Bestände kümmert. Die Investition für sein Gehalt wäre eine lohnenswerte Anlage.

Wir wussten zu diesem Zeitpunkt längst, dass es an unserer Sponsorenfront schlecht aussah. Einige Partner, die dabei sein wollten, sagten ab. Für den Sommer hatten wir lediglich etwas Restgeld von Bouygues Telecom aus der letzten Kampagne und die Mittel unseres Sommerpartners monster.fr, der größten französischen Berufsvermittlung im Internet. Die Lage war schwierig. Wir konnten kaum Geld in neue Ausrüstung investieren, mussten vornehmlich mit den aus der letzten Cup-Kampagne geerbten Mitteln auskommen. So passierte es beispielsweise, dass wir

In der Folterkammer der »Grande Nation«: Tim Kröger beim täglichen Workout um 6.30 Uhr.

FRA 46 dreimal lackieren lassen mussten! Wir hatten den Job aus Kostengründen einem Mann anvertraut, der sonst Fischkutter lackiert...
Im Juli 2001 wurde unser Leben dadurch etwas leichter, dass wir eine wertvolle »Lieferung« aus Neuseeland erhielten: *NZL 32* kam per Frachter aus Auckland an. Wir hatten die Cup-Siegerin von 1995 für eine Saison von den Kiwis gechartert. Es war jene Yacht, die Ernesto Bertarelli erst gar nicht haben wollte. Für uns war sie immens wertvoll, denn wir stellten schnell fest, dass sie immer noch ein potentes, schnelles Boot war, das wir perfekt für Testserien einsetzen konnten. Inzwischen hatten wir auch den zerlegten französischen Travellift aus der 2000er Kampagne wieder zusammenmontiert. So ein Travellift kostet rund eine Million Euro und ist für eine Cup-Kampagne unverzichtbar. Endlich konnten wir die Yachten ohne Umstände täglich zu Wasser lassen und abends wieder rausholen. Ein Ritual, für das wir anfangs 45 Minuten, später nur noch 25 Minuten brauchten.

Beginn des Refits von *FRA 46*: Die französische America's Cup-Halbfinalistin von 2000 wird in der Werft DCN auf ihr zweites Leben vorbereitet. Daneben der Open 60 *Whirlpool*, mit dem Catherine Chabaud am Vendee Globe teilnahm.

Auf dem Wasser waren wir 2001 eine Art Segelschule für Cup-Anfänger. Ganze Heerscharen junger französischer Segler kamen zu den Trainings-Sessions und wurden von Pierre Mas und der sportlichen Leitung gesichtet. Nach dem Abgang des ehemaligen französischen Cup-Skippers Bertrand Pace, der jetzt für die Neuseeländer arbeitete, und dem Verlust anderer erfolgreicher Crew-Mitglieder, fingen wir sportlich neu an. Ich selbst hatte ein Dauer-Abonnement auf der Position des Pitmans. Ich hatte mir diese Position selbst ausgesucht, weil ich aufgrund meiner technischen Aufgaben hier den größten Überblick über das Schiff bekam. Was mir anfangs nicht in vollem Ausmaß klar war, erfasste ich schnell: Auch der Pitman muss grinden wie ein Schwerarbeiter. Pitman schien manchmal nur eine andere Bezeichnung für Grinder zu sein. Die Knochenmühle Cup ließ grüßen.

Als im Herbst unsere Basis komplett fertig gestellt war, konnten wir uns immer mehr auf Tests

Vier Cupper vor massiven Bunkern in Lorient (v.l.n.r.): Die gecharterte Trainingsyacht *NZL 32*, die neue *FRA 69*, ihre Schwester *FRA 79* und die inzwischen wieder außer Dienst gestellte *FRA 46*.

und Training konzentrieren. Die Arbeitswochen waren längst sechs oder sieben Tage lang. Die einzelnen Arbeitstage wuchsen auf einen Umfang von bis zu 20 Stunden. Nicht selten passierte es, dass wir uns nach einer Nachtschicht zum Schlafen einfach irgendwo auf einen Haufen Segel oder auf ein Sofa im Gemeinschaftsraum legten, um ein paar Stunden später wieder loszulegen. Während wir auf dem Waser und an Land schufteten, wurden parallel in Vannes die beiden neuen Yachten bei Multiplast gebaut.

Ich ging also segeln, hatte technische Verantwortungsbereiche und nahm auch noch an Design-Meetings teil, weil mir Luc Gellusseau die Verantwortung für die Koordination der Entwicklung und des Baus der Masten übertragen hatte. Für mich persönlich war es eine der lehrreichsten Zeiten meines seglerischen Lebens. Doch natürlich blieb zu wenig Zeit für einzelne Bereiche. Kaum einer von uns konnte sich auf das Wesentliche konzentrieren. Ich schätze, dass wir Segler uns zu 60 Prozent unserer Zeit um technische Belange und nur zu 40 Prozent um den Sport gekümmert haben. Bei *Alinghi* oder anderen erfolgreichen Kampagnen mit großem Budget dürfte das Verhältnis deutlich anders und entsprechend effektiver ausgesehen haben.

Wir lernten, lernten, lernten. Zum Beispiel auch, dass *NZL 32* viel schneller war als *FRA 46*. Unsere jungen, teilweise wenig erfahrenen Designer waren mit Arbeit dermaßen überfrachtet, dass sich auch in ihrem Bereich immer wieder Fehler einschlichen, die uns viel Zeit kosteten. Zeit war die Mangelware unserer Kampagne. Vor allem deshalb, weil uns das Geld fehlte.

Das Geld kam dann doch noch. In der sprichwörtlich letzten Minute entschied sich der französische Konzern Areva, die französische America's Cup-Kampagne als Namensgeber zu unterstützen. Damit war ein großes Problem gelöst, doch wir bekamen ein neues dazu.

Areva war erst ein Jahr zuvor aus verschiedenen Firmen zu einem großen Ernergie-Konzern formiert worden, der sich auf allen möglichen Energiefeldern betätigt. Dazu zählen auch der Auf- und Abbau alter Atomkraftwerke sowie der Transport und die Aufarbeitung von Brennelementen. Natürlich wurde Areva sofort mit den früheren französischen Atom-Tests in Verbin-

Match-Race-Training in der Bretagne: *FRA 79* und *FRA 69* nach dem Start im Duell auf dem Weg zur Luvtonne.

dung gebracht, die zuletzt 1996 in Polynesien durchgeführt wurden. Und natürlich wurden Erinnerungen wach an die 1985 vom französischen Geheimdienst versenkte *Rainbow Warrior*. Die Verbindung zu Areva lag nahe, weil die französische Regierung 5,19 Prozent von Areva direkt kontrolliert und weitere 78,96 Prozent indirekt über die Atomenergie-Behörde, das Commissariat à l'Energie Atomique.

Wir arbeiteten plötzlich mitten zwischen den Fronten von Atomenergie-Gegnern und unserem neuen Partner Areva. Unser Team hat deshalb keiner verlassen. Wir hatten zu lange und zu hart für den America's Cup gearbeitet. Und wir wollten differenzieren zwischen Segelprojekt und Partner. Schließlich hatte niemand von uns die Weisung, sich als Botschafter der Atomindustrie zu betätigen.

Es ist von außen sehr einfach, mit dem Finger auf ein Unternehmen oder eine Segelkampagne zu zeigen und zu sagen: Atomkraft, nein danke! Dass wir alle aus ganz anderen Beweggründen Mitglieder von *Le Défi* waren, ist nur die eine Seite der Medaille. Es bleibt auch ein Fakt, dass Areva mehr Aktionsbereiche hat als nur Atomkraft. Viele vorschnelle Kritiker wissen beispielsweise nicht, dass rund ein Drittel des Stroms aus deutschen Steckdosen tatsächlich aus Frankreich, mehrheitlich von Areva, nach Deutschland fließt. Damit ist das Feld Atomkraft natürlich nicht neutralisiert. Ich habe die Partnerschaft für mich

Tägliche Routine: Das Ein- und Auskranen der Yachten – hier *NZL 32* – dauerte anfänglich bis zu 45, später nur noch 25 Minuten.

als Auseinandersetzung mit dem Thema Atomkraft verstanden. Ich bin Realist und habe dazu eine schlichte Meinung: Zum einen gibt es nun einmal die Atomkraft, von der die meisten Menschen in Europa gerne profitieren. Zum anderen finde ich Bemühungen gut, Atomkraft Schritt für Schritt durch andere Energien zu ersetzen, damit wir mittelfristig ohne sie leben können. Dabei wirkt auch Areva beim Abbau alter Anlagen mit. In diesem Bereich also kann ich mich mit dem Tätigkeitsfeld unseres Partners anfreunden. Und drittens kann ich es als Segler und leidenschaftlicher Weltumsegler nur begrüßen, wenn Geld in den Segelsport und damit in einen grundsätzlich umweltfreundlichen Sport investiert wird. Unerwartete Schützenhilfe bekamen wir in dieser Lage beispielsweise vom damaligen Kapitän der *Rainbow Warrior*, der unserem Projekt viel Glück wünschte.

Nach der öffentlichen Vorstellung unseres Partners gab es immer wieder kleine Protestaktionen in unserer Base. Mal seilten sich einige Atomkraft-Gegner an einem der Bunker ab und hängten Banner auf, mal kamen sie einfach, um mit uns zu reden. So weit fanden wir die Auseinandersetzung sehr angemessen.

Am 17. Mai 2002 aber hat Greenpeace alle Sympathien verspielt, die wir je für diese Organisation hatten. Während der Taufzeremonie für *FRA 69* rammte ein Boot von Greenpeace mutwillig unsere neue Yacht. *FRA 69* wurde immerhin so beschädigt, dass wir zwei wertvolle Trainingswochen verloren. Doch schlimmer noch als die eigentliche Attacke empfanden wir das anschließende Lügenmärchen der Umweltaktivisten, wir hätten sie zu dem Ramming genötigt. Live-Bilder des französischen Fernsehens bewiesen noch am selben Abend landesweit das krasse Gegenteil. Glücklicherweise waren unzählige Journalisten vor Ort, darunter auch Atomkraft-Gegner und Greenpeace-Freunde. Sie alle haben den Greenpeace-Übergriff verurteilt. Doch wem hätten die Leute geglaubt, wenn es die Fernsehbilder nicht gegeben hätte?

Wir haben noch Wochen nach dem Übergriff Stahlfässer aus dem Hafen von Lorient gefischt, die Greenpeace in Form einer Kette mitgebracht und einfach treiben lassen hatte, nachdem die Fernsehkameras abgeschaltet worden waren. So viel zum Thema Umweltbewusstsein.

Im Spätsommer 2002 verpackten wir unsere beiden neuen Yachten, mit denen wir zuvor noch einige Tage vor der bretonischen Küste trainiert hatten, und verschifften sie mitsamt den Containern, Begleitbooten und anderer Ausrüstung nach Auckland. Wir waren die Letzten, die dort im August und nur zwei Monate vor Cup-Beginn eintrafen. Auch das ein Tribut, den wir unseren knappen Mitteln zu entrichten hatten. Mit knapp 23 Millionen Euro war unser Budget das kleinste aller neun Herausforderer. Und das sollte sich nur allzu schnell bemerkbar machen.

*Der Worte sind genug gewechselt,
lasst mich nun endlich Taten sehen.*
JOHANN WOLFGANG VON GOETHE

LOUIS VUITTON CUP:
Gnadenlos – die unbarmherzige Serie der Herausforderer

Er kam, sah und siegte: Russell Coutts behielt – unterstützt vom besten Segelteam der Welt – stets den Überblick.

Er kam, sah und siegte. Schon die erste Pressekonferenz am Tag vor dem ersten Startschuss zum Louis Vuitton Cup bringt seinen ersten Triumphzug – Russell Coutts ist ein geborener Sieger. Da sitzt er oben am langen Pult der Segelprominenz, freundlich lächelnd und – ganz typisch – der Welt ein wenig entrückt. Es ist der 30. September 2002. Der Skipper der Schweizer Kampagne *Alinghi* hat sich zum ersten Mal während dieser 31. Auflage des America's Cup ins gleißende Rampenlicht begeben. 300 Journalisten, zwei Dutzend Fernsehkameras und 50 Teleobjektive beobachten jede seiner beinahe unmerklichen kleinen Regungen.

Neben dem Meister sitzen in einer Reihe die Skipper der anderen acht Herausforderer: Der elegante Francesco des Angelis für Louis Vuitton Cup-Verteidiger *Prada Challenge*; der charismatische Peter Gilmour für die *OneWorld Challenge*; der leidenschaftliche Match-Racer Peter Holmberg für Larry Ellisons *Oracle BMW Racing*; der kämpferische Olympiasegler Ian Walker für Peter Harrisons *GBR Challenge*; der erfahrene Ken Read für das *Team Dennis Conner*; der däni-

Am Ende des Louis Vuitton Cups verging dem Titelverteidiger das Lachen: *Pradas* eleganter Skipper Francesco de Angelis.

sche Doppel-Olympiasieger Jesper Bank für die schwedische *Victory Challenge*; der stille Lehrer Luc Pillot für die französische Kampagne *Le Défi Areva* und der heitere Neu-Skipper Paolo Cian für die zweite italienische Kampagne *Mascalzone Latino*.

In der Reihenfolge, in der sie sitzen, dürfen die Segler ein Los ziehen, das zunächst darüber entscheidet, wer im Kampf um die beste Auslosung für Round Robin 1 und 2 als Erster eine Startnummer ziehen darf. Alles soll ganz gerecht zugehen. Russell Coutts gewinnt das Recht der ersten Ziehung. Wer sonst? Und natürlich zieht Russell Coutts die Nummer eins für *Alinghi*. Nicht einmal hier leistet sich die Nummer eins der Segelwelt einen Patzer wie Jesper Bank, der die Nummer neun zieht und damit seiner *Victory Challenge* gleich zum Auftakt einen ungeliebten Ruhetag beschert. Für *Le Défis* Technischen Direktor Luc Gellusseau geht Minuten später ein Außenseiter-Traum in Erfüllung: »Wir würden im ersten Match am liebsten gleich gegen eine der ganz großen Kampagnen antreten. Vielleicht kann man sie zu einem frühen Zeitpunkt noch auf falschem Fuß erwischen.« Nur sein erster Wunsch wurde erhört. Es ging gegen *Alinghi*. Nachzutragen bleibt, dass Coutts beim abschließenden Münzwerfen wie immer »Kopf« wählte und selbstverständlich am kommenden Tag gegen *Le Défi* mit gelber Flagge im Heck und Wegerecht die Außenseiter ins Visier nehmen durfte.

Die Franzosen werden von *Alinghis* Elite-Einheit mit 4 Minuten und 48 Sekunden Rückstand und hängenden Köpfen vom Hauraki-Golf in die Base zurückgeschickt. Der Cup-Alltag ist plötzlich grau. *Alinghis* Sportdirektor Jochen Schümann gibt sachlich, aber ohne Arroganz zu Protokoll: »Für uns war es ein gutes Aufwärmtraining.« Dass die *OneWorld Challenge* zeitgleich *Mascalzone Latino* mit 5 Minuten und 43 Sekunden Vorsprung noch etwas deutlicher deklassiert, ist auch keine Überraschung. Knapper fiel das erste Kräftemessen zwischen Dennis Conners *Stars & Stripes* und der britischen *Wight Lightning* aus, die nur 20 Sekunden nach den Amerikanern über die Ziellinie des 18,5 Seemeilen langen Kurses geht. Es wäre ein ganz normaler erster Tag im Louis Vuitton Cup gewesen, wenn es da nicht die Schla-

Sein Profi-Lächeln ist legendär: Dennis Conner bei der Cup-Parade mit hochgestrecktem Daumen.

Ungenutztes Potenzial: Aufgrund zu kurzer Vorbereitungszeit konnte *FRA 69* nur selten glänzen (vorhergehende Doppelseite).

Ungleiches Duell: Top-Favorit *Alinghi* passiert vor dem Bug der französischen *Le Défi*.

gerpartie zwischen *Oracle BMW Racings USA 76* und *Pradas Luna Rossa* gegeben hätte. *Pradas* Boss Patrizio Bertelli interpretiert die sportliche Ohrfeige der Amerikaner, die das Ziel 42 Sekunden vor den Azzurri erreichen, als direkte Aufforderung zum Handeln und feuert seinen hoch gelobten Stardesigner Doug Peterson. Der Cup hat seinen ersten Personal-Skandal. Und Bertelli ein paar Extrakosten: Die mehrfachen Umbauten der missglückten Bugsektionen der *Prada*-Yachten im Verlauf der kommenden Monate sollen mehr als eine Million zusätzliche Euro verschlungen haben.

Woher all das Geld kommt, ist jedem klar, der einmal einen Blick auf die modischen Accessoires im fünf Qudratmeter kleinen Shop der Kampagne am versteckten Ende der Halsey Street riskiert hat. Hier residiert die *Prada Challenge*. Und hier lernt man: Je teurer, je begehrter. Eigentlich wollte Bertelli überhaupt keinen Ladenverkauf. Der banale Handel mit irgendwelchen Touristen erschien ihm niveaulos. Doch schließlich ließ er sich von einem Mitarbeiter doch überzeugen, eine kleine, aber feine Auswahl an sportlichen *Prada*-Shirts, Shorts, Jacken, Hosen und Schuhen zum Verkauf anzubieten. Natürlich nichts unter 100 Kiwi-Dollar, nimmt man einmal die Plastik-Tragetaschen und das ein oder andere kleine Polo-Shirt aus. Trotzdem verwandeln die Fans den Laden im Format eines Schuhkartons schon zu Cup-Beginn in eine schweißtreibende Dauer-Umkleidekabine. Hätte Bertelli das selbst erlebt, er hätte vermutlich getobt.

Geradezu legendär ist in Cup-Kreisen die Geschichte vom Japaner, der dort eines Tages hereinspazierte, von jedem Kleidungsmodell ein Exemplar erwirbt und zum Schluss auch noch den kleinen hölzernen Schemel begehrt, der dort für die Anprobe von feinem Schuhwerk bereitsteht. Obwohl die schöne italienische Verkäuferin verwirrt erklärt, dass sie den Schemel noch bräuchte und der überdies aus einem Baumarkt in Auckland und nicht aus einem der *Prada*-Werke stamme, lässt der Japaner nicht locker. In ihrer Verzweiflung verlangt die Verkäuferin 800 NZ-Dollar in der Hoffnung, der absurde Preis würde den Kunden abschrecken. Doch der zückt nur eifrig lächelnd seine Kreditkarte, zahlt viele tausend Dollar für die Marken-Beute und zieht zufrieden ab. Auch eine Art Sport im America's Cup.

An Tag zwei und drei müssen die Veranstalter bei Sturmböen um 35 Knoten alle Rennen absagen. Doch war dies nur die erste kurze Ouvertüre einer im Cup nie dagewesenen Abbruch- und Ausfall-Serie, die in den kommenden fünf Monaten diese Regatta der Superlative überschatten sollte. Während die Franzosen und die »Latino-Strolche« von Mascalzone kein Mittel gegen die starke Konkurrenz finden, sorgen andere für positive Überraschungen. Die schwedische *Victory Challenge* gewinnt nicht nur gegen *Le Défi Areva*, sondern setzt mit dem anschließenden Sieg über die

Stars & Stripes ein Ausrufezeichen hinter ihren Status als Geheimfavorit. Steuermann Jesper Bank aus Apenrade genießt seinen Cup-Einsatz und das Leben mit der Familie in Auckland. Interviews mit dem dynamischen Dänen sind eine Wohltat, weil man in jedem Satz seine Frische spürt. Er ist neu im Cup-Geschäft, wägt nicht jedes seiner Worte dreimal ab und spricht meist aus, was er denkt: »Es ist das erste Mal, dass ich fürs Segeln bezahlt werde. Jetzt sind wir mit der ganzen Familie hier in Auckland und verbringen eine aufregende Zeit im America's Cup. Das ist doch ein Traum.« Einige seiner prominenten Mitstreiter klingen manchmal, als hätten sie das vergessen.

Während die Favoriten sich in dieser frühen Phase des Louis Vuitton Cup abtasten und – so wirkt es mehr als einmal – noch mit gebremsten Kräften agieren, kämpfen die Kellerkinder schon ums Überleben. Von neun Kampagnen muss Anfang November am Ende der beiden Round Robin-Runden ein Team die Segel bergen. Eigentlich sollten es zwei sein, doch weil die *illbruck Challenge* ihre Meldung zurückzog, würde das schwere Los des frühen Ausscheidens nun nur eine Mannschaft treffen. Die Ergebnisse sprechen von Beginn an eine klare Sprache: Für *Le Défi Areva* und *Mascalzone Latino* geht es vom ersten Rennen an um Sein oder Nichtsein.

Die Auslosung hatte es gewollt, dass die beiden Schlusslichter der Tabelle ausgerechnet im letzten Match jeder der beiden Round Robin-Runden aufeinander treffen sollten. Spannender hätte es auch ein Krimi-Autor nicht erfinden können. Den ersten Thriller servieren die beiden bis dahin punktlosen Crews am 12. Oktober. Im Kopf-an-

**Ein Blick ins Heck von *Mascalzone Latino*:
Die charmanten italienischen Außenseiter
avancierten zum Liebling des Louis Vuitton Cups.**

Kopf-Rennen retten sich die Italiener nach schweren taktischen Fehlern ihres Gegners vier Sekunden vor den Franzosen über die Ziellinie.
Ein Schock für Pierre Mas und sein Team, die nach acht Begegnungen immer noch ohne Sieg sind. Der eher introvertierte Mas greift zu einer für seine Verhältnisse ungewöhnlichen Maßnahme und holt noch am Abend der desaströsen Niederlage seine gesamte Mannschaft, alle Familien und Freunde in das kleine Zelt in die Base an der Halsey Street, wo sämtliche Syndikate ihre Basiscamps aufgeschlagen haben. Mas appelliert an den Kampfgeist seiner Leute und bittet die Angehörigen: »Das Projekt braucht euch. Die

Das erste Kräftemessen der Kellerkinder gewann überraschend *Mascalzone Latino*. Entsprechend schickt der Cartoonist *Le Défi* an den Rand des Abgrunds.

Segler brauchen euch. Ihr müsst uns helfen. Es geht nur, wenn wir alle zusammenhalten.«
Für *Mascalzone Latinos* Initiator Vincenzo Onorato dagegen ist es der schönste Tag seiner segelsportlichen Karriere. In bewegenden Worten und mit charmantem italienischen Akzent erzählt der Hobby-Dichter nach dem Sieg, warum er im Ziel Tränen des Glücks in den Augen hatte: »Sie müssen sich das vorstellen: Zum ersten Mal in meinem Leben hat mich einer meiner beiden Söhne nach einer Regatta angerufen, um zu gratulieren. Die beiden lieben Fußball und können mit Segeln sonst nichts anfangen. Aber die Wettfahrt wurde von RAI live übertragen. Mein Sohn sagte, dass er noch nie so spannenden Sport im Fernsehen gesehen hätte. Ist das nicht wunderbar?«
Le Défi setzt auch in der zweiten Round Robin-Runde die schwarze Serie fort. Umstellungen in der Afterguard bringen keine Verbesserung.

Weder der Skipper-Wechsel von Philippe Presti zu Luc Pillot noch der Einsatz des erfahrenen Taktikers Luc Gellusseau anstelle von Sebastien Destremeau können den Negativ-Trend aufhalten. Es fehlt dem Team an seglerischer Abgeklärtheit, an Manöver-Sicherheit und letztlich auch an Bootsgeschwindigkeit. Jeder Segeltag ist jetzt ein Zahltag. Gezahlt wird für Mängel in der Vorbereitung. Gezahlt wird für den Mangel an Zeit und den entsprechenden Mangel an Trainingsstunden auf dem Wasser. Über allem hängt der Mangel an Geld wie eine der großen grauen Wolken über dem Hauraki-Golf in diesen turbulenten neuseeländischen Frühjahrstagen.

Klar zum Setzen des Spinnakers: Der Spi-Baum ist in Position gebracht, *OneWorlds* Vorschiffscrew leistet Schwerstarbeit.

Die Hoffnungen beider Außenseiter-Teams auf den einen oder anderen Sieg im Verlauf dieser doppelten Vorrunde erfüllt sich bis zum Showdown nur einmal. Die bis dahin überragend segelnde *OneWorld Challenge* leistet sich in

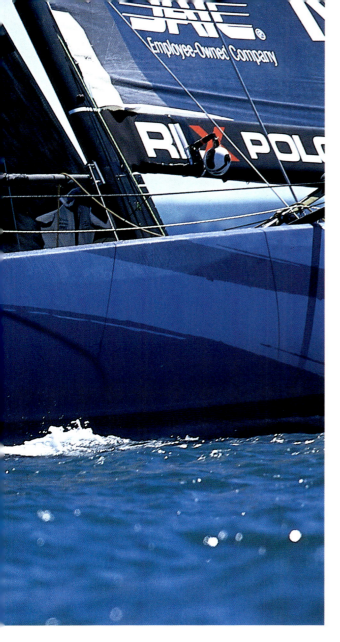

Deutsch-amerikanische Freundschaft (v.l.n.r.):
Oracle BMW Racings Steuermann Peter Holmberg, BMW-Marketingchef Karl-Heinz Kalbfell, Sailing Manager John Cutler und BMW-Botschafter und ehemaliger Formel 1-Pilot Hans-Joachim Stuck.

Retter mit Reibungspunkten:
Oracle BMW Racings reaktivierter Skipper Chris Dickson.

ihrem zweiten Duell mit dem scheinbar schwachen Gegner *Le Défi* einen Anflug von Arroganz, schickt das komplette B-Team ins Rennen gegen Luc Pillot und Co. Anders als die Schweizer, die immer nur auf ein oder zwei Positionen rotieren,

Dicksons Reinstallierung als Skipper für *Oracle BMW Racing* sorgte für eine kurzfristige »Palastrevolution« im Team, die sich aber nach schnellen Erfolgen wieder beruhigte.

lassen *OneWorlds* Skipper Peter Gilmour und der junge Steuermann James Spithill ihren Youngstern gesammelt den Vortritt. Die zweite Garde versenkt mit dem riesigen Spinnaker der *OneWorld* auch ihre Chance zum großen Auftritt im Hauraki-Golf. Während die US-Yacht im eigenen Tuch zappelt, über das sie gerade gesegelt ist, rauschen die Franzosen endlich einmal fehlerfrei vorbei und verbuchen den ersten Sieg – Balsam für die Seele der gebeutelten »Grande Nation«. Am 2. November kommt es trotzdem zum dramatischen Herzschlagfinale zwischen *Le Défi Areva* und *Mascalzone Latino*. Es geht um Alles oder Nichts. So wollen es die Regeln. Gewinnen die Italiener, erreichen sie mit zwei Siegen das Viertelfinale. Gewinnen die Franzosen, dann segeln sie mit zwei Siegpunkten in die nächste Runde.

»Es war eine beinharte Vorrunde für uns«, erinnert sich Tim Kröger, der sich zunächst auf der Position des Pitmans mit seinem Kollegen Jeff Rivalant abwechselte, bevor er im Viertelfinale jedes Rennen segelte, »wir fühlten uns, als würde ständig jemand unsere Köpfe unter Wasser halten. Ab und zu konnten wir kurz Luft schnappen, aber eigentlich war das Ende immer zum Greifen nah.« Der finale Sieg gegen *Mascalzone Latino* kommt einer Erlösung gleich. Während Vincenzo Onorato und seine Männer Tränen der Enttäuschung weinen, knallen in der Halsey Street 83 die Champagner-Korken. Nach 13 Niederlagen in Folge reichen zwei Siege, um den ersten Cut doch noch zu überstehen. Kröger atmet auf: »Nach

Die Giganten Auge in Auge: Die beiden Vorschiffsleute von *Alinghi* (l.) und *Oracle BMW Racing* beobachten sich in der Startphase wie zwei Raubtiere vor dem Angriff.

dem Höllenritt der letzten Wochen fühlen wir uns, als hätte uns jemand ein zweites Leben geschenkt.« Die Italiener ertränken ihren Kummer an diesem Abend bei der größten Party dieser America's Cup-Auflage mit 24 000 Flaschen Bier und verabschieden sich als großzügige und lebensfrohe Gastgeber mit dem Versprechen Onoratos: »Das war nur der Anfang. Wir haben viel gelernt. Wir kommen wieder.«

Auf höheren Ebenen der Louis Vuitton Cup-Tabelle tobten indes Auseinandersetzungen anderer Natur. Sie waren in dieser frühen Phase des Louis Vuitton Cup zwar nicht vom Kampf um den Verbleib im Wettbewerb geprägt, doch mangelte es ihnen nicht an Intensität. Es ging um die gute Positionierung für die kommenden Runden, um Image und um Machtkämpfe. Einen davon verlor der wenig machtorientierte Instinktsegler Peter Holmberg gegen seinen Boss Larry Ellison. Der hatte Holmberg zwar wenige Wochen zuvor noch als den besten Match-Racer der Welt geadelt, opferte ihn dann jedoch, als die Mannschaft der *USA*-76 mit vier Niederlagen in Folge patzte.

Ellison brachte überraschend den charismatischen wie umstrittenen Neuseeländer Chris Dickson ins Spiel, den er Monate zuvor aus dem Team auf die Reservebank verbannt hatte, auf der auch schon America's Cup-Größe Paul Cayard hatte Platz nehmen müssen. *Oracle*-Gründer Ellison, der zu den fünf reichsten Männern der Erde zählt, mag keine Kompromisse. Während Holmberg wutentbrannt sogar die Stadt für ein paar Tage verlassen haben soll und innerhalb des Teams eine kleine Meuterei zur Unterstützung des geschassten Steuermanns ausbrach, sorgte Ellison mit klaren Worten für Fakten und weitgehende Ruhe im Team: »Nach zuletzt vier Niederlagen bei nur einem Sieg brauchen wir eine fundamentale Änderung. Wir brauchen frische Augen für Verbesserungen, sonst schauen wir uns das Finale im Fernsehen an.« Sicher kein Szenario, von dem der Sieggewohnte geträumt hatte, als er seine rund 95 Millionen Euro starke Kampagne formierte, in die er fast ausschließlich privates Geld fließen ließ, weil »*Oracle* es unangemessen fand, auch nur einen Penny in mein Hobby zu stecken«.

Dickson nutzte seine Chance mit Bravour. Ausgestattet mit allen Vollmachten eines Skippers, ersegelte *Oracle BMW Racing* unter seiner Führung sieben Siege in Serie und schloss die doppelte Vorrunde auf Platz zwei mit zwölf Siegen nur knapp hinter *Alinghi* ab. Dabei machte sich der Mann mit dem Spitznamen »Laserauge« mit dem zweifachen Sieg über die *Victory Challenge* und *Le Défi Areva* am letzten Tag nicht nur selbst das beste Geschenk zum 41. Geburtstag, sondern leistete sich auch, was sich sonst niemand getraut hätte: Er schickte nun seinerseits Crew-Mitglied Larry Ellison im entscheidenden Rennen auf die Reservebank. 1:0 für »Dicko«. Das hätte sonst niemand in diesem Team gewagt.

Von derart tumultartigen Veränderungen war im *Team Alinghi* nichts zu verspüren. Hier hatte man – noch – andere Ziele im Visier. Nicht ohne Stolz berichtete Jochen Schümann zum Ende der beiden Round Robin-Runden, dass es ihm gelungen sei, tatsächlich alle 32 Crew-Mitglieder der Kampagne mindestens einmal zum Einsatz zu bringen. Man ließ sich im Alpen-Team weder von der Erstrunden-Niederlage gegen die *OneWorld Challenge* noch von dem Vier-Sekunden-Rückstand gegen *Oracle BMW Racing* im zweiten Aufeinandertreffen irritieren. Nein, auch für diese Dämpfer fand Schümann nur positive Worte: »Solche Niederlagen helfen uns zu diesem Zeitpunkt, mit beiden Beinen auf dem Teppich zu bleiben.« Für die wenigen kleinen Sorgen der Cup-Favoriten hätte so manch ein Syndikatsboss sicher gerne ein kleines Königreich gegeben.

Alinghis SUI 64 war zum Auftakt so erfolgreich, dass ihre Mannschaft gar auf das letzte Duell gegen die heftig ins Schlingern geratene *Luna Rossa* verzichten konnte. Die Italiener hatten sich in der doppelten Vorrunde erst im Endspurt und nur knapp vor der starken *Victory Challenge* den so wichtigen vierten Tabellenplatz erobern können, zogen aber – gezeichnet von Personalquerelen – bereits angeschlagen ins Viertelfinale.

Frühe Saat trägt oft, späte nimmer.
DEUTSCHES SPRICHWORT

LOUIS VUITTON CUP:
Himmel und Hölle der Viertel- und Halbfinals

Die Szene kommt einem bekannt vor: Es ist der 11. November. Wieder sind die Skipper zur großen Pressekonferenz geladen, dieses Mal vor Beginn der Viertelfinals. Wieder klicken und surren die Kameras. Wieder steht Russell Coutts im Mittelpunkt. *Alinghi* hat sich als topplatziertes Boot der Vorrunde die angeschlagene *Prada Challenge* zum Gegner gewählt. Bei der Auslosung für den ersten Start setzt Coutts beim Münzwurf wie gewohnt auf »Kopf« und gewinnt die gelbe Flagge für den Start mit Wegerecht. Für *Alinghi* läuft alles nach Plan. Man wolle sich, so die übereinstimmenden Aussagen von Coutts und Schümann, die inzwischen mehrfach umgebauten Boote der *Prada Challenge* gerne aus nächster Nähe ansehen. »Außerdem«, so verrät Schümann schmunzelnd, »finden wir es ganz unterhaltsam, dass die Amerikaner erst einmal gegeneinander antreten.«

Davon unbeeindruckt präsentiert sich Chris Dickson einen Tag vor Beginn der Viertelfinals locker wie selten. Auf die Frage, warum *Oracle BMW Racing* auch weiterhin auf die bewährte *USA-76* setzt, scherzt er: »Wir haben noch nicht

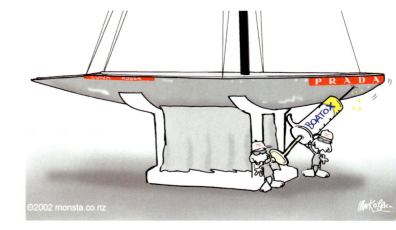

Ein Seitenhieb auf *Pradas* mehrfache Faceliftings: Der Cartoonist lässt die Bootsbauer in Anspielung auf das bei Schönheitsoperationen eingesetzte »Botox« beim Umbau »Boatox« nutzen.

alle T-Shirts mit der Segelnummer USA-76 verkauft.« Tatsächlich war die US-Yacht die einzige, die als offiziellen Bootsnamen ihre Segelnummer trug – eine Entscheidung Ellisons, der damit den amerikanischen Ursprung seiner Kampagne unterstreichen wollte. Am 4. Juli 1776 hatte George Washington die von Thomas Jefferson

Die *USA 76* unter A-Sail und Stagsegel. Das Rigg ist stark nach vorne geneigt – eine gängige Praxis zur Optimierung der Vorwind-Performance.

Das junge Team der *Victory Challenge* überzeugte auch ohne Cup-Erfahrung mit guten Leistungen – die harte Vorbereitung zahlte sich aus.

entworfene amerikanische Unabhängigkeitserklärung angenommen.

Doch Dickson lebt im Hier und Heute. Während der Pressekonefrenz spult der Spitzensegler ohne großes Unterhaltungstalent ab, was er künftig bei jeder Pressekonferenz wie eine Schallplatte wiederholen würde: »Wir haben eine starke Afterguard. Wir haben ein gutes Team. Wir haben gute Hardware. Wir dürfen uns nur keine Fehler erlauben. Das Spiel verändert sich jetzt im Viertelfinale. Du hast plötzlich jeden Tag den gleichen Gegner. Da kommt es auf Detailarbeit an.« Gegner *OneWorld Challenge* setzt auf Bootswechsel und startet mit der *USA 65* in das Duell mit *Oracle BMW Racing*.

Mats Johannsen, der kühle und teamintern umstrittene Manager der *Victory Challenge*, übt sich auf die Frage nach dem Grund für die Wahl der Franzosen zum Viertelfinal-Gegner in Bescheidenheit: »Die nackten Ergebnisse aus der Vorrunde sprachen dafür, die Franzosen zum Gegner zu wählen. Wir erwarten aber ein besser vorbereitetes französisches Team. Es wird sicher ein hartes Duell, denn wir sind selbst neu im Cup.« Philippe Presti, der inzwischen von Pierre Mas reaktiviert und nach der Ausmusterung Luc Pillots wieder als Skipper installiert worden ist, sagt ehrlich: »Wir fühlen uns natürlich nicht sicher, doch haben die reale Situation zu akzeptieren. Wir können unsere Nachteile nur mit Kampfgeist wettmachen.«

Dennis Conners Skipper Ken Read weist wie zur Stützung der eigenen Moral auf eine einzigartige Leistung seines Teams hin: »Ich glaube nicht, dass es schon jemals eine gesunkene Yacht wieder zurück an die Startlinie eines Cup-Rennens geschafft hat.« Das dritte US-Team in dieser Herausforderer-Runde tritt mit der endlich wieder flotten *USA 77* anstelle der bislang eingesetzten *USA 66* gegen die Briten an. Die *USA 77* ist das schmalste Schiff der gesamten Herausforderer-Flotte und hatte sich schon aus diesem Grund den neugierigen Respekt vieler Experten erworben. Altmeister Conner arbeitet mit bekannten Profimethoden und lobt zum Auftakt den Gegner in den wolkenverhangenen Himmel: »Ich glaube, dass die Briten die besten Segler der Welt sind. Wie sonst könnten sie bei Olympischen Spielen so viele Medaillen gewinnen wie gerade in Sydney?« Dort kassierten die Engländer drei Mal Gold und zwei Mal Silber. Unter den strahlenden Medaillengewinnern war auch der selbstkritische

Konzentriertes Arbeiten im Cockpit von Dennis Conners *Stars & Stripes*. Der Altmeister selbst fehlt an Bord, war nur einmal im Einsatz.

Die *Victory Challenge* vor *Le Défi*: Das typische Bild der Viertelfinal-Begegnung zwischen den Skandinaviern und den Franzosen. Nur einmal konnte *Le Défi* den Spieß umdrehen.

Ian Walker, den Harrison als Skipper für die *GBR Challenge* verpflichtete. Er wusste schon vor dem Viertelfinale: »Wir befinden uns ab sofort in einer Sudden-Death-Situation. Wer verliert, ist raus. Da wird es für uns härter, etwas zu riskieren.«

Stürmische Winde verhindern am 12. November einmal mehr die geplanten Auftaktrennen. Flugs lässt sich Peter Reggio das Einverständnis aller Teams geben, kommende Ruhetage nötigenfalls streichen zu dürfen. »Das Wetter ist nicht mein Freund«, konstatiert der erstklassige und humorvolle Wettfahrtleiter, »da müssen wir eben umdisponieren.«

Mit Pech und nicht mit Ruhm bekleckert, kehren die Franzosen von ihrer ersten Viertelfinalbegegnung gegen die Schweden zurück. Ein kompletter Elektronikausfall an Bord von *Le Défi* hatte die Mannschaft von Philippe Presti lahm gelegt. Krögers trockener Kommentar: »Es war, als wären wir im Dunkeln ohne Licht Auto gefahren.« Dabei war sein Team nach der Kielverkleinerung der *FRA 69* hoch motiviert in das Duell gegen die Skandinavier gegangen. Jedoch nur, um enttäuscht festzustellen, dass man die leuchtend gelbe Yacht mit Umbauten in der Rennpause offenbar eher langsamer als schneller gemacht hatte. Auch ein kleiner Dauer-Spaß der Franzosen blieb ohne Auswirkung auf den Gegner: Während in der Base von *Le Défi Areva* mittags und abends ein neuseeländischer Koch und sein Team für frische Salate und französisch deftige Gaumengenüsse sorgten, sah es in der Gourmet-Welt der Schweden karg aus. Im Camp der *Victory Challenge* gab es ausschließlich für jene Teammitglieder Sandwiches, die an dem betreffenden Tag aufs Wasser gingen. Alle anderen mussten sich in der gegenüberliegenden Seglerkneipe »Portside« auf eigene Kosten verpflegen. »Kein Wunder, dass sich alle dort um jeden noch so kleinen Job reißen«, lästerten die Franzosen belustigt. Gemein: Ihre Küche lag direkt am Zaun zu den Schweden, die schon am Duft erkennen konnten, was nebenan auf den Tisch kam. »Eine interessante Art der psychologischen Kriegsführung«, maulte ein schwedischer Segler neidisch. Doch der französische Sieg im Kochduell blieb ohne Auswirkungen auf den Sport.

Weil *Alinghi* mit *Prada* im Viertelfinale kurzen Prozess macht und direkt ins Halbfinale segelt, verzichten die Italiener beim Stand von 0:3 sogar auf das finale Duell, um mehr Zeit zur Vorbereitung auf den Viertelfinal-Hoffnungslauf zu gewinnen. Während das Ergebnis der Partie zwischen *Alinghi* und *Luna Rossa* niemanden überrascht, wundern sich die Fachleute darüber, dass auch *Oracle BMW Racing* die *OneWorld Challenge* ohne eigene Niederlage in den Hoffnungslauf schickt.

Europäisches Duell: Als Vorrunden-Sieger wählte *Team Alinghi* (l.) die *Prada Challenge* zum Viertelfinal-Gegner. Eine klare Angelegenheit: *Alinghi* besiegt *Luna Rossa* 4:0

Dabei hatte die wiedererstarkte Kampagne von Larry Ellison keine seglerischen Wunder vollbracht. Nein, *OneWorld*-Steuermann James Spithill und Skipper Peter Gilmour stürzten über eigene Fehler. Immer wieder liegen sie in Führung, verspielen aber ihr Potenzial. Jochen Schümann, der die Rennen der Gegner analysierte, konnte nicht fassen, was er sah: »Die riskieren viel zu viel. Im America's Cup von heute ist kein Platz mehr für Spielernaturen. Das ist der Unterschied zu *Alinghi*. Uns reicht eine Bootslänge im Ziel. Wir müssen nicht mit Riesenabstand gewinnen. Ein einfacher Sieg reicht.«

Ja, wenn es immer so einfach wäre. Das müssen auch die Franzosen gedacht haben, als sie am 16. November ihren Ehrenpunkt gegen die *Victory Challenge* verbuchen. An diesem Tag steht nicht der erfolgsverwöhnte Jesper Bank, sondern Match-race-Profi Magnus Holmberg am Steuer der schwedischen Yacht. Es ist nicht seine Serie. Von Beginn an steht er im Schatten Banks. Was der Däne anfasst, klappt. Darf der Schwede ans Steuer, geht es schief. Dabei ist Holmberg die unnötige Niederlage an diesem Tag gar nicht allein anzulasten. Doch niemand mag sich später zur Entlastung Holmbergs als Urheber der falschen taktischen Entscheidung outen. Und Holmberg selbst schweigt loyal.

Was war passiert? In Führung liegend, muss dies den Schweden – der Viertelfinalsieg so direkt vor Augen – die souveräne Sicht auf den Gegner genommen haben. Sie entscheiden sich, von den Franzosen weg und weit auf die linke Seite des Kurses zu segeln. Dort aber werden sie von einem starken Rechtsdreher unangenehm überrascht. Auf den Fernsehbildschirmen sieht die Situation noch peinlicher aus, als sie draußen auf dem Was-

Le Défis Pitman Tim Kröger tröstet Trimmer Dimitri de Pierres, dem nach dem Ausscheiden *Le Défis* die Tränen runterlaufen.

ser wirklich ist. Als die Schweden endlich den Schlag zurück zu den Franzosen machen, realisieren sie den Verlust ihres Vorsprungs. Da *Orm* ohne Wegerecht kommt, muss die schwarze Schweden-Yacht am Heck von *Le Défi* passieren, um sich für die bevorstehende Tonnenrundung auf der vorteilhaften rechten Seite platzieren zu können. *Le Défi* wendet mit und klebt so dicht an *Orm*, dass die nicht wieder wenden kann. Verzweifelt versucht Holmberg, sich durch stetiges Anluven aus der Umklammerung zu befreien. Dabei dreht der Wind leicht nach links und begünstigt *Le Défi*. Die Franzosen können ihre Distanz zu den Schweden halten. Plötzlich verliert Holmberg die Kontrolle über das Boot, das im Wind stehen bleibt. *Le Défi* löst sich vom Gegner und segelt auf und davon.

Auf dem letzten Vorwind-Abschnitt blamieren sich die Schweden restlos, indem sie bei zunehmendem Wind mit einer Eieruhr im Spinnaker und um die Bootskontrolle kämpfen. *Le Défi* segelt als Erste über die Ziellinie und feiert den ersten Viertelfinal-Punkt. Der Erfolg tut gut. Presti und seinem Team sind ein fast fehlerloses Rennen und erstklassige Manöver gelungen.

Doch dieser erst dritte Sieg des französischen Teams im gesamten Louis Vuitton Cup sollte schon der Letzte sein. Im Gegensatz zur *One-World Challenge* beging die *Victory Challenge* Fehler nur einmal. In der nächsten Begegnung steht wieder Jesper Bank am Rad der *Orm* und katapultiert *Le Défi* gnadenlos aus dem Cup. An Bord der französischen Yacht fließen die Tränen bei einigen Seglern hemmungslos. Für Tim Kröger sind 627 Tage Einsatz für die französische Equipe sportlich beendet. Die erste Bilanz des damals 38-jährigen Hamburgers: »Wir gehen erhobenen Hauptes, denn wir haben nach großen Anfangsproblemen am Ende auf hohem Niveau verloren.«

Noch am selben Abend steht fest: Auch die Briten sind eliminiert. Dennis Conners erfahrenes Team war zu routiniert für die »Jungen Wilden«.

Amerikanisches Prestige-Duell: *OneWorld* (r.) zeigt der *Stars & Stripes* ihre Grenzen auf.

An Bord der *Stars & Stripes* hatten Männer wie Conners Freund und Taktiker Tom Whidden im Verlauf der Regatta ihr 250. Cup-Rennen gefeiert. Für die meisten Engländer dagegen war es der erste Einsatz im America's Cup. Ihre Abschiedsfeier lässt Sieger und Besiegte in dieser Nacht gemeinsam lächeln. Weder die sonst für stilvolle Parties bekannten Franzosen noch die introvertierten Schweden oder gar Dennis Conners Veteranen-Truppe sorgen für einen schönen Schlussakkord dieser Viertelfinal-Runde. Es sind die Briten, die sich selbst und ihren Gästen eine legendäre Nacht schenken. Inklusive Sportspaß für Mutige: Wer sich traut, klettert an Bord der an Land stehenden *Wight Lightning* und springt von ihrer Bugspitze auf eine gewaltige Hüpfburg, die darunter aufgebaut ist. Noch dreistere Gemüter zieht es nach Mitternacht zu einem heimlichen Erkundungsgang hinter die Schürze der sagenumwobenen *Wight Magic*, deren Doppelkiel-Konzept seitdem auch von Seglern anderer Kampagnen detailgenau beschrieben werden kann. Peter Harrison klingt bei der Abschiedspressekonferenz wehmütig: »Wir hätten gerne *Wight Magic* in einem Cup-Rennen getestet. Doch es erschien uns zu risikoreich. Ich habe diese Weltmeisterschaft des internationalen Segelsports trotzdem genossen. Wir haben dieses Mal nicht gewonnen, aber wir kommen zurück.«

In den anschließenden Viertelfinal-Hoffnungsläufen bleiben Europäer und Amerikaner einmal mehr unter sich. Deutsche Segler sind nicht dabei. Tim Kröger ist ausgeschieden, und Jochen Schümann bereitet sich mit seinem Team in aller Ruhe auf das Halbfinale vor. Die *Prada Challenge* hat noch einmal Himmel und Hölle in Bewegung gesetzt, um ihre Yachten für das Duell gegen die schwedische *Victory Challenge* zu optimieren. Im Lager von Dennis Conner bereitet man sich auf die Auseinandersetzung mit jenem Gegner vor, den Conners Anwälte nur wenig später einmal mehr vor das Arbitration Panel zerren werden: die *OneWorld Challenge*.

Während sich Conner zur Belustigung seiner französischen Nachbarn, die das ungewöhnliche Schauspiel täglich über den Zaun hinweg beobachten, jeden Nachmittag persönlich um die eigens aus den USA mitgebrachten Hühner kümmert und auch die Strauchtomaten in seinem kleinen Bio-Garten selbst wässert, blasen seine Juristen Seite an Seite mit *Pradas* Anwälten zur nächsten Attacke in der Spionage-Affäre um Craig McCaws Kampagne. Am 25. November reagiert die höchste Gerichtsinstanz der Herausforderer auf die erhobenen Proteste und kündigt eine längere Beweisaufnahme an. Die von den beiden Teams eingereichte Klage umfasst 92 Seiten inklusive Beweismaterial in Form von Dokumenten und Briefwechseln.

Erneut geht es um *OneWorlds* angeblich widerrechtliche Nutzung von Design-Informationen anderer Teams. »Für uns Insider liest sich die

Mr. America's Cup: Trotz Supersponsor Viagra hatte das *Team Dennis Conner* kein Stehvermögen im Hoffnungslauf des Viertelfinals.

Akte so spannend wie ein Krimi«, versichert Tim Kröger, der das Material umgehend studiert. Trotzdem ist die Mehrheit der Segler und Journalisten dieses schon so oft aufgewärmten Skandals überdrüssig. *OneWorlds* Sprecher Bob Ratcliffe wehrt sich: »Wenn diese Attacke erfolgt, um uns zu zerstören, dann wird der Schuss nach hinten losgehen. Wenn die Aktion überhaupt Wirkung zeigt, dann wird sie unsere Jungs nur noch enger zusammenschweißen.«

Während sich an Land die Spionage-Affäre ausweitet wie der unangenehme Geruch einer Stinkbombe, setzen sich auf dem Wasser einmal mehr die Favoriten durch. Die *Prada Challenge* und die *OneWorld Challenge* spazieren mit jeweils 4:0 durch den Hoffnungslauf. Letztere agierte nach ihren Kapriolen im Viertelfinale hoch konzentriert und ließ sich auf dem Wasser nicht anmerken, wie sehr der jüngste Spionage-Vorwurf an den Nerven der Segler zerrte.

Am 29. November scheidet der mit vier America's Cup-Siegen bis heute erfolgreichste Cup-Segler aller Zeiten aus. Dennis Conner und der New York Yacht Club sind fortan zu Zuschauern in ihrem Lieblingsspiel degradiert. Ob sie wiederkommen werden, mögen beide im Angesicht der Niederlage nicht versprechen. Doch wer Conner, inzwischen 60 Jahre alt, kennt, weiß, dass der Mann nicht anders kann. Der America's Cup ist die Leidenschaft seines Lebens. Wenn er von damals erzählt, ist es, als würde sich die angestaubte Geschichte des Cups wie ein bunter Spinnaker mit prallem Leben füllen.

Conner erinnert sich auch an die schwärzeste Stunde seiner Cup-Karriere: »Dass ich den Cup nach 132 Jahren für Amerika verloren habe, war das Beste, was passieren konnte. Vorher war er nur in den Köpfen von Regattafans verankert. Die Welt kannte ihn nicht. Als wir ihn verloren, war es ein bisschen so, als hätten wir den Panama-Kanal verloren. Plötzlich wusste ihn jeder zu schätzen. Hätte ich ihn nicht verloren, hätte es nie die nationale Anstrengung gegeben, ihn in Fremantle zurückzugewinnen. Und ohne diese Anstrengung hätte es niemals die Parade entlang der Fifth Avenue in New York, das Dinner mit dem Präsidenten im Weißen Haus und all die sich anschließend eröffnenden Möglichkeiten ergeben. Natürlich fühlte ich mich damals nach der Niederlage schrecklich. Ich wollte am nächsten Morgen nicht aus dem Bett raus. Normalerweise stecke ich voller Freude und Energie. Ich wollte mich nur verstecken. Aber dann habe ich beschlossen, dass ich ihn würde zurückholen müssen. Diese Mission hat mich wieder auf Kurs gebracht.«

Inzwischen aber sind die erfolgreichen internationalen Kampagnen von Conners Kurs abgewichen und haben ihn überholt. Sie basieren auf modernen Management-Strukturen, heuern erfolgreiche Olympiastars ebenso an wie mit allen Wassern gewaschene Hochseeprofis. Sie operieren mit atemberaubenden Budgets und verfügen – abgesehen von Conners Team, den Franzosen und den Neuseeländern – samt und sonders über einen schwerreichen Initiator, der für einen sicheren Start ins Abenteuer America's Cup bürgt. Die Ellisons, Bertarellis, Bertellis und McCaws dieser Welt haben das Spiel verändert, das bis vor kurzem keiner so gut beherrschte wie Dennis Conner. Doch der Milliardärs-Ansatz im Cup-Geschäft war nicht so neu, wie Kritiker in den Medien immer wieder behaupteten. Sir Thomas Lipton, Thomas Vanderbilt, der französische Baron Bich und andere hatten das Millionärs-Modell im vergangenen Jahrhundert bereits vorgemacht.

Einen Tag vor Beginn der Halbfinal-Begegnungen meldet sich *Alinghi* nach intensiven Vorbereitungen mit einem Paukenschlag negativer Art in den Schlagzeilen zurück. Im Abschlusstraining war der Mast von *SUI 64* gebrochen. Schümann, der zu diesem Zeitpunkt – wie so oft – das Schwesterschiff *SUI 75* steuerte, klärt auf: »Es war kein Handling-Fehler unserer Crew, sondern ein Materialfehler. Wir sind froh, dass das Malheur bei der Generalprobe und nicht zum Halbfinal-Auftakt gegen *Oracle BMW Racing* passiert ist. Es hätte uns sonst gleich den ersten Punkt gekostet.« Bei *Alinghi* geschieht nichts, was nicht mindestens auch einen positiven Aspekt hätte.

Weil sich der Hauraki-Golf zum Start der Semifinals wieder einmal von seiner stürmischsten Seite zeigt und die ersten Rennen ausfallen, bleibt an Land viel Zeit, sich mit dem Urteil des Arbitration Panel im Fall *OneWorld Challenge* zu befassen. Wegen unerlaubten Besitzes von Design-Informationen, die ursprünglich *Team New Zealand* gehörten, wird Craig McCaws Kampagne zu einer empfindlichen Geldstrafe von 65 000 US-Dollar verdonnert. Als wäre das nicht genug, muss auch die Segelmannschaft bluten. In allen kommenden Runden soll dem US-Team jeweils ein Punkt abgezogen werden. Da vergeht sogar dem stets souveränen und um einen Spaß nie verlegenen Peter Gilmour das Lachen endgültig: »Wir fühlen uns überhart bestraft. Wir sind von anderen mit Steinen beworfen worden, die selbst

Drama Italia: *Pradas* **Boss Patrizio Bertelli wollte hoch hinaus und stürzte tief.**

nicht alle eine weiße Weste tragen. Wir werden aber den Kopf trotzdem hochnehmen und auf dem Wasser unser Bestes geben.«

Am 16. Dezember wird *Oracle BMW Racing* von *Alinghi* mit 0:4 chancenlos in den Halbfinal-Hoffnungslauf geschickt. Zum ersten Mal muss sich Ellisons Team einem Gegner klar geschlagen geben. So klar, dass es auch dem letzten dämmerte, was sich da unter dem Dach *Alinghis* zusammenbraute. Dicksons Gesicht sieht in diesen Tagen noch verbissener aus als sonst. Die Niederlage – das weiß er – ist für seinen Boss inakzeptabel. Aber er hat Ellisons öffentliches Versprechen: »Dickson bleibt bis zum Ende. Entweder gewinnen wir mit ihm oder wir gehen zusammen unter.«

Die *OneWorld Challenge* benötigte ein paar Durchgänge mehr, um Patrizio Bertellis Träume vom America's Cup bereits im Halbfinale mit 2:4 platzen zu lassen. Der Patriarch ist bitter enttäuscht. Beim letzten Mal noch hatten seine Männer im Louis Vuitton Cup triumphiert. Dieses Mal reichte es nicht einmal zum Einzug ins Finale, obwohl die *Prada Challenge* mit deutlich mehr internationalen Seglern und dem mit über 100 Millionen Euro vermutlich dicksten Budget operierte. Über seine Sprecherin Alessandra Ghezzi lässt Bertelli im Gegensatz zur enthusiastischen Konkurrenz verärgert verlauten, dass er seine Cup-Ambitionen einstellen wolle. Nach dem Motto »Es kann nur eine geben« hatte Bertelli ohnehin mit der Anwesenheit einer zweiten italienischen Kampagne gehadert. »Mr. Exklusiv« mochte die italienische Gesellschaft auf seinem Spielplatz nicht besonders. Experten vermuten in Bertellis beleidigtem Abgang jedoch nur eine spontane Reaktion, die nicht von Dauer sein würde. Sie sollten Recht behalten.

Bei der *OneWorld Challenge* dagegen herrscht seltener Jubel. Gilmours Team scheint sich nach der nun endgültig abgeschlossenen Spionage-Affäre freizusegeln. Auch der für Gilmour und Spithill so typische Humor kehrt mit zunehmender Erfolgsquote an Bord zurück. Spithill sorgte am 17. Dezember für eine erstaunlich

Im siebten Himmel aus Segeln: *Oracle BMW Racings* Vorschiffsmann auf dem Weg an die 32 Meter hohe Mastspitze (folgende Doppelseite).

heitere Szene im Louis Vuitton Cup, als er seine Mannschaft nach der peinlichen 17-Minuten-Niederlage (plus 47 Sekunden) gegen *Luna Rossa* zu Boden bittet. Die blaue *OneWorld* kreuzt die Ziellinie als scheinbar unbemanntes Geisterschiff, und es dauert ein paar Sekunden, bis allen Zuschauern an den Fernsehbildschirmen klar ist, dass da jemand ein Zeichen setzt. Spithill erklärte später augenzwinkernd: »Wir haben uns ein bisschen geschämt und hielten es angesichts der Verspätung im Ziel für angemessen, uns demütig zu Boden zu werfen.« Trotzdem ging den Männern der *OneWorld Challenge* die Puste aus. Sie hatten im Gegensatz zur dreitägigen Pause ihres kommenden Gegners *Oracle BMW Racing* nur einen Tag Zeit, sich auf den Halbfinal-Hoffnungslauf vorzubereiten. Zu wenig, um sich noch einmal deutlich zu verbessern.

Während die *OneWorld Challenge* noch mit *Prada* rang, hatte Ellisons Team die gewonnenen Tage zum intensiven Training genutzt. Dabei griff Skipper Chris Dickson tief in die Trickkiste und ließ seine Crew ein kleines rundes Doppel-Segel wie einen Drachen hoch über dem Spinnaker setzen. Die Fotografen, die das Spektakel aus der gebotenen Ferne beobachten, berichten an Land aufgeregt von der revolutionären Segelkonfiguration. Der neuseeländische Comic-Zeichner Marc O'Brien, die frechste Feder des Cups, verwandelt die lebendigen Erzählungen flugs in ein symbolträchtiges Bild, auf dem über dem Spinnaker der *USA-76* ein BH flattert. Tatsächlich wird das geheimnisvolle Supersegel nie eingesetzt. Ob es nur der Verunsicherung der Konkurrenz diente, oder ein ernst gemeinter Versuch zur Geschwindigkeitsverbesserung war, ließ sich nie feststellen.

Dafür aber wartete *Oracle BMW Racing* wenige Tage später mit einer weiteren Innovation auf, ließ Mitglieder der Afterguard mit einem von BMW entwickelten Gerät nach dem Vorbild von Formel 1-Helmen segeln. Der drahtlose Empfänger und Sender, der an der Sonnenbrille des Seglers befestigt wird, projiziert verschiedene Daten wie etwa Wind- und Bootsgeschwindigkeit auf die Innenseite der Brille. So hat jeder Segler an Bord jederzeit Zugriff auf wichtige Informationen.

Ein gewonnener Flautenpoker, ein mit drei Sekunden Vorsprung absolvierter Segelthriller, ein Routinesieg nach dem Frühstart-Patzer von *OneWorld*-Steuermann James Spithill und ein Arbeitssieg am Tag vor Heiligabend markierten *Oracle BMW Racings* vier Stationen im Halbfinal-Hoffnungslauf gegen die *OneWorld Challenge*. Zum letzten Rennen am 23. Dezember trägt eine der Wendemarken eine Weihnachtsmütze und Sonnenbrille. Wettfahrtleiter Reggio ließ grüßen. Ellison ist trotz einiger Umwege am Ziel. Sein Team zieht ins Finale um den Louis Vuitton Cup ein. Das Duell der Giganten gegen die Supermacht *Alinghi* soll am 11. Januar beginnen. Die Weihnachtsferien konnten beginnen.

TIM KRÖGER
Kreative Knochenmühle mit hohem Lernfaktor

Wir sind eliminiert. Das Viertelfinale im Louis Vuitton Cup war unsere Endstation in dieser 31. America's Cup-Auflage. Alles in allem sind wir so weit gekommen, wie es unsere Rahmenbedingungen zugelassen haben. Klar, dass wir lieber noch eine Runde weitergesegelt wären, doch man muss die Ereignisse realistisch betrachten. Was ich persönlich an Erfahrungen aus meiner Cup-Premiere mitnehme, ist vor allem die Leidenschaft der Franzosen, die mich zwei Jahre lang fasziniert hat. Ich habe mich immer wieder gefragt, wie so viele individualistisch geprägte Menschen zu einer solchen Teamleistung imstande sein können. Inzwischen denke ich, dass es ihr Stolz ist, der sie so zusammenschweißt. Es ist nicht so, dass Franzosen ständig und überall Nationalgefühl versprühen. Aber wenn die Grande Nation sie ruft, dann stehen sie eben doch Seite an Seite zusammen. Auch die jungen Bootsbauer, die für 500 oder 1000 Euro im Monat für uns arbeiteten.

An dieser Stelle möchte ich auch eine Lanze für junge deutsche Segler brechen. Segeln im America's Cup ist eine sehr viel mechanischere Angelegenheit als beispielsweise das Segeln rund um die Welt. Wer bereit ist, kann lernen, was für einen America's Cup-Einsatz gefordert ist. Man muss sein Boot nicht mit 16 Superstars besetzen. Es reicht, wenn 50 Prozent aller Positionen von hervorragenden Leuten abgedeckt sind. Der Steuermann, der Taktiker, der Stratege, der Navigator,

Einmarsch der Gladiatoren. Hier das französische *Team Le Défi* mit Steuermann Luc Pillot (vorne) und Sportdirektor Pierre Mas mit Sonnenbrille.

Unüberwindlicher Gegner für *Le Défi*: Die *Victory Challenge* segelte den Franzosen im Viertelfinale einfach davon.

Konzentration und Anspannung an Bord: Steuermann Philippe (r.) Presti hält das Boot auf Top-Speed.

der Vorschiffsmann und zwei Trimmer müssen erstklassig und sehr erfahren sein. Das sind acht Crew-Mitglieder. Die restlichen acht können angelernt werden, wenn das langfristig und professionell geschieht.

Mein Gegenüber am Grinder war beispielsweise der mehrfache französische Judo-Meister Jean-Paul Levrel. Klar, dass der sich zu Beginn unserer Trainingsphase öfter mal verschaltet hat. Aber er hat es gelernt und war letztlich auf seiner Position fast unersetzlich.

Beeindruckt hat mich auch die französische Kreativität – auch wenn die so ihre Schattenseiten hat. Sie mündet nämlich nicht selten in eine gewisse Unorganisiertheit. Sie sorgt in manchen Bereichen für doppelte und dreifache Arbeit, wo das Motto »Keep it simple« viel Zeit und auch Geld gespart hätte, gerade in einer unterfinanzierten Kampagne wie der unseren. Doch die einfachen geraden Lösungen liegen den Franzosen nun einmal nicht.

Ein Beispiel: Wir haben bereits im März 2002 im Training vor Lorient mit so genannten Wing Riggern experimentiert. Das sind fledermausartige Flügel (Bat Wings), die an die oberen Salinge anmontiert werden und in ihrer Funktion das Achterliek des Vorsegel stützen. Sie wirken wie externe Segellatten und ermöglichen, dass die Genua mit mehr Segelfläche ausgestattet werden kann. So erreicht man eine extreme Überrundung der Genua (Roach) in ihrem Top-Bereich.

Millimeterarbeit: Das französische Design-Team testet Kielprofile und Wing-Konfigurationen im Windkanal.

Während wir diese Flügel schon im Frühjahr wieder in den Müll warfen und später mit insgesamt drei verschiedenen Variationen der Wings testeten, kreuzte *Alinghi* vor Auckland mit nahezu den gleichen Bat Wings auf, die wir schon ganz zu Anfang hatten. Das ist so typisch französisch. Es fehlt manchmal einfach am Blick für Wesentliches und Notwendiges. Der Hang zur Tüftelei liegt den Franzosen im Blut.

Unser Team setzte sich aus erfahrenen Cup-Seglern und absoluten Neulingen zusammen. Männer wie mein Pendant Jeff Rivalant, Designteam-Koordinator Philippe Palu de la Barrière oder Fabrice Levét waren schon zum vierten, fünften Mal dabei. Andere Talente wie der olympische 470er-Weltmeister Tanguy Cariou waren als gute Trimmer neu in der Mannschaft. Unsere sportliche Basis war mindestens so gut wie die der Schweden oder der Engländer. Aber ich kann es nur wiederholen: Wir haben nicht genügend Zeit mit Training auf dem Wasser verbracht. Da hatten uns sowohl die Skandinavier als auch die Engländer viele hundert Stunden voraus – ein entscheidender Unterschied.

Bis heute bin ich der Meinung, dass unser Sportdirektor Pierre Mas hätte selbst segeln müssen. Er ist vielleicht nicht der beste Match-Racer der Welt, aber er verfügt gerade auf großen Yachten über ein unnachahmlich gutes Bootsgefühl. Aber Pierre wähnte sich mit seinen 44 Jahren als zu alt – ein Irrglaube, wenn man weiß, dass Russell Coutts in Auckland seinen 41. Geburtstag feierte, Jochen Schümann mit 48 Jahren zu den Besten der Welt zählt und gerade im America's Cup vor allem die Erfahrung zählt.

Darüber hinaus haben wir auch andere wichtige Personalentscheidungen zu spät getroffen. Erst in Auckland wurde Philippe Presti zum Steuermann gemacht. Für mich zu spät, denn eine Führungspersönlichkeit muss konsequent aufgebaut und unterstützt werden. Philippe ist ein beeindruckender Sportler und ein sympathischer Mensch. Doch natürlich hatte er als ausgewiesener Soling- und Starbootsegler zunächst seine Probleme mit einem so großen Boot.

Auf einer America's Cup-Yacht kommt es gar nicht in allererster Linie darauf an, ein perfekter Match-Racer zu sein. Denn so viel Match-Race-

Le Défis Steuermann Philippe Presti studiert und analysiert die Regattabilder des Tages für sein Team.

America's Cup-Segeln ist Knochenarbeit. Tim Kröger (l.) am Grinder mit Jean-Paul Levrel.

Situationen ergeben sich bei all den unterschiedlichen Booten im Cup mit ihren unterschiedlichen Stärken nicht. Man muss das Boot vor allem schnell steuern können. Je schneller du es segelst, desto weniger musst du in den Infight. Philippe wurde noch in der Vorrunde abgelöst. Aber er steckte den Kopf nicht in den Sand. Er hat jeden Tag alle Rennen mithilfe der Videos analysiert, die das CORM-Management der Herausforderer uns zur Verfügung stellte. Er hat dem Team auch in seinen schwarzen Stunden loyal gedient.

Am Steuer stand inzwischen Luc Pillot, der für Frankreich bei Olympischen Spielen einst Bronze und Gold im 470er gewonnen hatte. Doch der hatte die gleichen Probleme wie Philippe und offenbarte zu viel Nervosität. Wir hätten das erste Rennen gegen *Mascalzone Latino*, das uns in so große Schwierigkeiten brachte, nie verlieren dürfen. Aufgrund dieser Unsicherheiten revidierte Pierre Mas seine Entscheidung und holte Presti zurück. Philippe bekam seine zweite Chance, auch weil er sich als großer Teamspieler erwiesen hatte. Und er nutzte sie.

Sportlich haben wir uns im Viertelfinale endlich auf vernünftigem Niveau präsentieren können. Doch leider hatte unser Designteam *FRA 69* in eine Richtung optimiert, die uns nicht schneller werden ließ. Man hatte sich entschieden, die Kielflossen-Oberfläche um 15 Prozent zu verkleinern, um so die Vorwind-Geschwindigkeit von *Le Dèfi* extrem zu verbessern. Dadurch aber konnten wir nicht mehr hoch genug am Wind segeln. Auch verloren wir notwendiges Beschleunigungspotenzial, das gerade nach dem Dial-Up in der Startphase so wichtig ist. Der gewonnene Vorteil hatte uns also einen schwerwiegenderen Nachteil eingebracht, den wir nicht mehr ausgleichen konnten.

Aber wir waren nicht die Einzigen mit Problemen. Am meisten enttäuscht haben mich im Louis Vuitton Cup die *Prada Challenge* und die *OneWorld Challenge*. *Prada*, weil sie trotz aller Erfahrung und ihres gigantischen Budgets technisch versagten. Sie waren mit ihren Löffelbug-Yachten als Einzige den falschen Weg gegangen. Sie hatten auf die längere Wasserlinie gesetzt, mit entsprechend weniger Segelfläche allerdings gleich die Bremse dazu eingebaut. Und *One-*

Familienleben stand bei den Franzosen hoch im Kurs: Tim Kröger mit Freundin, den Zwillingen Carlotta und Rasmus und Kindermädchen Karoline (M.).

World, weil sie sich mit noch mehr Erfahrung und ebenso viel Geld so unglaubliche seglerische Patzer erlaubten, dass man über ihren Leichtsinn wütend werden konnte. Es war an manchen Tagen grotesk, *OneWorlds* taktischen Spielchen auf dem Wasser zuzusehen. In solchen Momenten wünscht man sich als Segler nur, dass sie doch bitte einem selbst ihr wunderbares Boot geben würden. Was hatten Gilmour und Co. für Möglichkeiten...

Sicher nicht weniger als *Alinghi*. Doch die Schweizer haben mit internationalen Zahnrädern und deutscher Batterie tatsächlich wie eine ihrer weltberühmten Uhren funktioniert: Perfekt! Sie werden für Jahrzehnte das Musterbeispiel einer erfolgreichen Kampagne sein. Sie hatten wirklich glänzende Voraussetzungen – aber andere hatten die auch. Die Schweizer haben jedoch am meisten daraus gemacht und am konsequentesten gearbeitet. Ich habe selten einen verdienteren Sieg miterlebt als *Alinghis* Triumphzug.

Manchmal haben wir Segler die Kollegen von *Alinghi* beneidet um ihre Rahmenbedingungen. Trotzdem möchte ich keine Minute meiner Zeit mit *Le Défi* missen. Es war hart, aber lehrreich. Der America's Cup ist ein fantastisches Spielfeld, das sich aus Sport, Technologie und Teamwork hoch anspruchsvoll zusammensetzt. Man ist jeden Tag gefordert. Die Arbeit hört nie auf. Es ist etwas ganz Besonderes, um den heiligen Gral im Segelsport kämpfen zu dürfen. Ich weiß, wie viele Segler auch in Deutschland davon träumen. Und ich empfinde es durchaus als Ehre, dass ich dabei sein durfte. Umso ärgerlicher sind Sprüche wie dieser, den ich mir von einem namhaften deutschen Segler anhören musste: »Na Timmy, du hast ja hier mit den Franzosen wohl die Arschkarte gezogen.«

Exakt das ist eine Mentalität, die ich nicht verstehen kann. Man kann nicht mal so eben auf den Cup-Zug aufspringen und zu den jubelnden Gewinnern zählen, so wie es sich manch einer vielleicht vorstellt. Es gehören enorm harte Arbeit und viele, viele Jahre Erfahrung dazu, im Cup ganz nach vorne zu segeln. Das ist bei *Alinghi* nie anders gewesen. Die maßgeblichen Leute dieser Kampagne sind seit mehr als drei Jahrzehnten Weltklasse-Segler. Sie alle haben klein angefangen und sich hochgearbeitet.

Auch Russell Coutts stand bei seinen ersten Einsätzen auf großen Booten Ende der achtziger Jahre trotz der 1984 gewonnenen Goldmedaille im Finn-Dinghi nicht gleich am Steuer. Russell hatte damit nie ein Problem. Und deswegen hat er heute ein so gutes Gefühl für die Harmonie einer Mannschaft. Ich kann nur hoffen, dass ich meine Erfahrung aus dieser America's Cup-Kampagne in der Zukunft vielleicht an jüngere deutsche Segler weitergeben kann. Ich würde es mit der Leidenschaft tun, die ich in unserem Team erlebt habe.

Hass ist gescheiterte Liebe.
KIERKEGAARD

RÜCKSICHTSLOSER RACHEFELDZUG:
Die Hetzkampagne gegen Coutts und Co.

Das neue Jahr hat gerade erst begonnen. Es ist der 3. Januar 2003. Längst sind die Köpfe wieder klar, die Spuren der ausgelassenen Silvesterparty beseitigt. Aus heiterem Himmel bittet das *Alinghi*-Management acht internationale Journalisten in die Base in der Halsey Street 135. Das Camp der Schweizer trägt den Spitznamen »Pink Palace«, weil das von Ugo Bruoni entworfene mehrstöckige Gebäude aufgrund seiner speziellen Thermo-Fassade je nach Sonneneinstrahlung mal mehr und mal weniger rosa schimmert. An diesem Tag jedoch hat niemand eine rosarote Brille auf. Die Gesichter von Manager Michel Bonnefous und Pressechef Bernard Schopfer sind so ernst wie nie zuvor. Sie stellen einen weiteren Besucher vor: Jeoff Barraclough, Polizeisprecher in Auckland. Sofort ist klar, dass etwas passiert sein musste, was sogar *Alinghis* zurückhaltende Projektleitung bestürzte.

Michel Bonnefous redet als Erster. Seine Stimme ist voller Abscheu, während er berichtet, dass

Die Hetzkampagne gegen Coutts und Co. bekommt eine neue, schreckliche Dimension: Die »Dominion Post« berichtet von den Drohbriefen gegen Frauen und Kinder im *Team Alinghi*.

Das Symbol der Hetzer mit den »Schwarzen Herzen«: David Waldens Kampagne »BlackHeart« sät Zwietracht in Neuseeland.

Alinghi zwei anonyme Briefe erhalten hat, in denen Mitglieder der Kampagne, ihre Familien und insbesondere Kinder bedroht werden. Die Briefe seien bereits am 16. und 17. Dezember eingetroffen, doch die Polizei hatte geraten, zunächst Stillschweigen darüber zu bewahren. Da der oder die Absender jedoch nicht ermittelt werden konnten, hatte sich das *Alinghi*-Management nach diesem jüngsten Höhepunkt der Hetzkampagne gegen die neuseeländischen Teammitglieder mit Zuspruch seitens der Polizei zum Gang an die Öffentlichkeit entschieden.

Bonnefous appelliert: »Wir sind hier nach Neuseeland gekommen, um unsere Leidenschaft für den Segelsport mit den Menschen zu teilen und nicht, damit unsere Kinder bedroht werden.« Der sonst so gelassene und kontrollierte Vertraute und Freund Ernesto Bertarellis ist sichtlich erregt: »Wir sind müde, immer nur einzustecken und wenden uns daher jetzt entgegen unserer bisherigen Politik doch an die Öffentlichkeit. Dieser Spuk muss endlich ein Ende finden.«

Der Polizeisprecher unterstreicht den Ernst der Lage: »Es ist das erste Mal in der neuseeländischen Sportgeschichte, dass Drohbriefe solcher Intensität auftauchen.« Die Briefe markieren den vorläufigen Höhepunkt einer einzigartigen Hasswelle gegen Russell Coutts und seine neuseeländischen Teamkameraden im *Team Alinghi*. Eine Kampagne, in der neuseeländische Medien bis zum Bekanntwerden der Drohbriefe eine traurige, aber tragende Rolle spielen. Nicht nur Jochen Schümann war sicher, »dass die Medien hier nur die Gedanken einer Minderheit repräsentieren«. Schon vor dem ersten Startschuss zum Louis Vuitton Cup hatte eine neuseeländische Journalistin auf die Frage nach der Stimmung betreffend Russell Coutts nur knapp geantwortet: »Coutts ist der meist gehasste Mann Neuseelands.« Obwohl das vermutlich nicht der Wahrheit entsprach, benahmen sich die Medien, allen voran der »New Zealand Herald« mit seinem sonst eher seriösen Anstrich, als diente der Cup vor allem dazu, Neuseelands ehemaligen Helden Stück für Stück zu demontieren.

Gleiches hatte der Werbeprofi David Walden im Sinn, als er im Spätsommer 2002 seine

BlackHeart-Kampagne gründet. Unter dem patriotischen Slogan »Country bevor money« wird auf der Website der nationalistischen Vereinigung gegen Coutts, Butterworth und Co. gehetzt, was die »schwarzen Herzen« hergeben. Schon bei ihrem ersten Fundraising-Lunch sammeln die selbsternannten Retter des neuseeländischen Segelsports 40 000 Euro ein – genügend Geld für Plakataktionen in Auckland. Zu sehen und zu lesen sind Tiraden wie »Coutts und Co. – Schweizer Banker seit 2000« oder »Hoch oben auf einem Berg lebte ein einsamer Segler – yodelei, yodelei, yodelei«. Aber manchmal outet sich Walden in Interviews doch, spricht selbst über die drohenden finanziellen Verluste für Neuseeland, sollte *Alinghi* den America's Cup gewinnen. Es geht ums Geld, das Coutts Teamwechsel das Land kosten könne. Doch das Geld der BlackHearts reicht auch für einen regelmäßigen Email-Informationsdienst, den schon bald mehr als 3000 Interessierte empfangen.

Erst später wird bekannt, dass *Team New Zealand* diese Newsletter vor Aussendung gegenliest. Auch die Verteidiger haben sich in dem unrühmlichen Ringen um Moral und Moneten nicht immer sauber verhalten. Sogar der überaus intelligente Chef Tom Schnackenberg ließ sich verleiten, auf die Frage nach der Verantwortung *Team New Zealands* angesichts der Anfeindungen gegen seine ehemaligen Mitstreiter nur einen Scherz zu machen: »Es ist doch eigentlich ganz lustig, ein bisschen an ihren Schwänzen zu zupfen.« »Schnack« hat sowohl die Einflussmöglichkeiten seines Teams als auch die anschwellende Wutwelle unterschätzt.

Im »New Zealand Herald« werden Coutts und Butterworth bei jeder Gelegenheit als seelenlose Söldner dargestellt. Beinahe täglich wartet die Leserbriefseite mit wüsten Beschimpfungen auf. Unter der Überschrift »Booh to you, Mr. Bertarelli« wird auch *Alinghis* Initiator beleidigt. Unter der Überschrift »Die Abtrünnigen« veröffentlicht der Herald am 21. September 10 Tage vor Cup-Start eine namentliche Liste von 26 Seglern, die allein in Diensten der großen Syndikate *Alinghi*, *Oracle BMW Racing* und *OneWorld* stehen. In einem Anflug von Fairness ergänzt die Autorin immerhin, dass sich auch *Team New Zealand* international verstärkt hat: Mit dem französischen Steuermann und Taktiker Bertrand Pace, dem amerikanischen Designer Clay Oliver, drei Australiern, einem Briten und einem weiteren Amerikaner arbeiten sieben Ausländer für die Kiwis. Doch das will eigentlich keiner wissen.

Mit Bekanntwerden der anonymen Briefe an *Alinghi* werden die Töne in den Medien ruckartig moderater. Mit Drohungen gegen Kinder will man sich nicht in Verbindung bringen lassen. Schon gar nicht, seit die Polizei angekündigt hat, etwa 1000 BlackHeart-Sympathisanten zu überprüfen.

David Walden und seinen Anhängern weht plötzlich ein steifer Wind aus dem eigenen Land entgegen. Am 17. Januar fordert Herald-Kolumnist Brian Rudman Waldens Truppe zum endgültigen Rückzug auf: »Lasst die niederträchtigen BlackHearts ein für allemal verschwinden«. Er spricht aus, was längst hätte gesagt werden müssen: »Wie die meisten Neuseeländer war ich irgendwie erstaunt, als sich die Sieger aus dem Jahr 2000 trennten. Aber unloyal? Nicht wirklich. Sie hatten ihre Gaben bereits in den Dienst einer dankbaren Nation gestellt und sich dann – wie viele andere unserer Besten und Klügsten auch – dazu entschieden, ihre Fähigkeiten und Talente – und auch ihr Glück – in Übersee zu suchen.«

Die Urheber der Drohbriefe werden nie ermittelt. Trotzdem winken Walden und Co. bereits seit dem 14. Januar mit der weißen Flagge. Der BlackHeart-Chef lässt den Herald wissen: »Allen unseren Bemühungen zum Trotz ist es uns nicht gelungen, uns von den Drohungen zu distanzieren. BlackHearts ursprüngliches Anliegen ist missbraucht worden. Man hat uns vorgeschlagen, dass wir weggehen sollen. Und ja, wir werden uns aus dem Medienzirkus verabschieden, der für alle gleichermaßen ärgerlich ist. Wir werden unsere Köpfe einziehen. Aber wir werden nicht verschwinden.« Eine entsprechende Email-Erklärung an BlackHeart-Mitglieder trägt den Titel: »Mann, es ist heiß in der Küche. Kann mir jemand ein Bier geben...«

Doch Bonnefous' Wunsch, der Spuk möge endlich ein Ende haben, erfüllt sich bis Cup-Ende nicht. Immer wieder kommt es zu kleinen und größeren Vorfällen. Die Cup-Atmosphäre bleibt vergiftet, hat ihre Leichtigkeit verloren. Eine Reporterin des Herald etwa wird von *Team New Zealand* bei ihrem Chefredakteur angeschwärzt, weil sie zu einem Interview mit *Prada*-Rucksack erscheint. Noch drei Jahre zuvor wären solche Kindergartenmätzchen angesichts der heiteren Stimmung während der 30. Cup-Auflage undenkbar gewesen. Doch in dieser Cup-Saison ist alles anders.

Die Kinder neuseeländischer Segler im *Team Alinghi* werden in der Schule angefeindet. Zwei Teenager müssen sich einen Tanz ihrer Mitschüler ansehen, bei dem diese »Kill *Alinghi*, kill *Alinghi*« grölen. Die Kampagne, für die ihre Väter arbeiten, gilt unter den meisten Kiwi-Kids als Staatsfeind Nummer eins.

In den Sommermonaten November, Dezember und Januar sind es längst nicht mehr nur neuseeländische »Verräter«, die beschimpft und beleidigt werden. Jeder, der sich in *Alinghi*-Farben auf die Straße wagt, hat mit unangenehmen Überraschungen zu rechnen. Deswegen hatte die Polizei längst geraten, insbesondere Kindern keine der lustigen T-Shirts aus dem *Alinghi*-Shop mehr anzuziehen. Erwachsene, die das trotzdem tun, müssen sich in Restaurants oder auf offener Straße so anzügliche Bemerkungen anhören, dass

Völlig entgleist: In einem Beitrag im »New Zealand Herald« verunglimpft die Autorin Russell Coutts und die Schweiz.

viele ihre Zivilkleidung bevorzugen. Eine Mitarbeiterin *Alinghis* erklärt, dass sie sich bei Dunkelheit in ihrer Arbeitskleidung unwohl fühlt. Auch Chefdesigner Rolf Vrolijk bekommt in dieser Zeit ein kleines Problem. Der Hausmeister im Hilton Apartment-Komplex am Viaduct Basin mag die rotweiße Flagge nicht, die Vrolijk an Segeltagen am Geländer seines Balkons wehen lässt. Unter dem Vorwand, das dünne, fast durchsichtige und nur ein mal zwei Meter große Tuch würde die gute Belüftung des unter dem Apartment liegenden Stockwerks stören, fordert er Vrolijk immer wieder auf, das Banner zu entfernen. Dabei hängt drei Apartments weiter über Monate ungeahndet ein zehn mal 20 Meter großes Banner an der schneeweißen Fassade. Darauf sind der Silberfarn als Nationalsymbol und das Wort »LOYAL« zu lesen. Vrolijk trägt die ungleiche Behandlung mit Humor. An seinem 55. Geburtstag am 25. Dezember weht die Flagge einen ganzen Tag lang ohne störende Unterbrechungen. Doch auch er und seine Frau Dorit gehen abends nicht mehr gerne in *Alinghi*-Farben aus.

Am 22. Februar überspannt der Herald den Bogen noch einmal. Ein unter der Überschrift »Schicksals-Segler« verfasstes Porträt über Russell Coutts sorgt unter internationalen Journalisten in Auckland für Aufruhr. Autorin Jan Corbett beginnt mit den Worten: »In vielerlei Hinsicht haben Russell Coutts und die Schweiz einiges gemeinsam. Beide sind schön anzusehen, in einer konventionellen, steifen und dünnlippigen Art. Dennoch ist es qualvoll schwierig, sie kennen zu lernen. Beide blicken auf eine lange Historie an

Die berufliche Heimat von mehr als 2000 Journalisten aus aller Welt: das Media Center im Maritime Museum von Auckland.

vorzüglichen Leistungen und Respekt zurück, die ihnen jedoch eine unglückliche, anstößige Arroganz und Unsensibilität gegenüber den Gefühlen anderer Länder verliehen haben.«

Nicht nur die Schweizer Kollegen sind empört. Das Porträt der Autorin, die mit Coutts vor Abdruck der Gemeinheiten nicht sprach, sorgt einen Tag später für weltweite Schlagzeilen – und hunderte Emails aus Übersee in der Email-Box des Herald. Grund genug für eine öffentliche Verteidigungsrede, die am 26. Februar auf der Leserbriefseite abgedruckt wird. Es ist der Versuch, den Disput auf ein internes neuseeländisches Problem zu reduzieren: »Wir haben gedacht, dass wir ihn (den Schmerz) mit uns selbst ausmachen können. Es ist ein Familienstreit, der sich aus unserem besonderen Platz auf der Welt und unserem Versuch zusammensetzt, die besten und schlauesten Leute an Bord zu halten.«

Etwas später gibt der Verfasser zu: »Wir wussten, dass Russell Coutts und Brad Butterworth gut sind, doch nur wenige von uns wussten, wie gut.« Mag sein, dass sogar die neuseeländische Regierung in diesem Fall tätig war. Vielleicht auch als Reaktion auf einen Brief, den Ernesto Bertarelli Ende 2002 an Premierministerin Helen Clark mit der Bitte um mehr Unterstützung im unfairen Kampf gerichtet hatte. Der Autor beendet sein Stück mit den Worten: »Die Regierung hat viel in den Versuch investiert, die Aufmerksamkeit (für den Cup) in einen Vorteil für den Tourismus zu verwandeln. Lasst uns versuchen, das Bild zu verbessern, das wir präsentieren, bevor es zu Ende ist.«

Eine Woche später ist der Spuk dann doch beendet. *Alinghis* Sieg setzt ein sportliches Ausrufezeichen hinter den missglückten Versuch einer Wiederholung der mitreißenden Cup-Auflage 2000.

Dreh- und Angelpunkt für Medien und Teams: das Louis Vuitton Media Center am Viaduct Basin.

RUSSELL COUTTS
Eine Klasse für sich

Genial, gradlinig und manchmal gedankenverloren. Humorvoll und hilfsbereit. So kennen und schätzen ihn seine Freunde und Fans. Geldgierig, ignorant und emotionslos nennen ihn seine Feinde. Russell Coutts ist der »Rockstar« des internationalen Segelsports. Niemand vor ihm hat den America's Cup drei Mal hintereinander für zwei verschiedene Nationen gewonnen und kann dazu noch eine olympische Goldmedaille vorweisen, die er 1984 im Finn-Dinghi gewann. Der 42-jährige Neuseeländer ist der beste Segler seiner Generation, vielleicht sogar der beste aller Zeiten.

Als man ihn bei der 30. Auflage des America's Cup im Februar 2000 gefragt hatte, ob er Angst hätte, den Cup zu verlieren, antwortete er: »Nein, ich sehe das Ganze als psychologisch interessante Herausforderung. Natürlich herrscht ein immenser Druck, aber wenn du dich als einfacher Teilnehmer siehst, dann ist das der richtige Ansatz.« Genau dieser Teilnehmer war Coutts, als er mit dem Schweizer *Team Alinghi* als einer von neun Herausforderern am 1. Oktober 2002 in die 31. Cup-Auflage startete. Nur ein einfacher Teilnehmer – das war er nicht.

Er hätte Verteidiger sein können. Zum zweiten Mal in Folge. Doch er zog es angesichts der schwierigen Lage im *Team New Zealand* vor, ein Angebot des Schweizers Ernesto Bertarelli anzunehmen und im europäischen Alpenland eine ganz neue Kampagne nach eigenen Wünschen zu formieren. »Es war die schwerste Entscheidung meines Lebens, aber auch eine einmalige Chance«, erklärt der dreifache Vater später immer wieder. Doch mit dem Wechsel schockt er eine ganze Nation. Erst gegen Ende der 31. Auflage würde er den Satz sagen, der viele versöhnte: »Ich bin Neuseeländer, und ich werde es immer bleiben.« Doch das ungewöhnlich emotionale Statement ändert nichts an den Tatsachen: Mit ihrem Idol verloren die Kiwis auch den America's Cup.

Coutts inzwischen meist wohl überlegte Auftritte in der Öffentlichkeit haben nur noch wenig gemeinsam mit jenen, die er sich als Teenager mit dem Spitznamen »Crash Coutts« leistete. Eine typische Szene wurde von einem Kamerateam eingefangen, als Russell neun Jahre alt war. Das neuseeländische Fernsehteam ist auf der Suche nach Motiven für eine Reportage über den schönen Familiensport Segeln und stößt bei

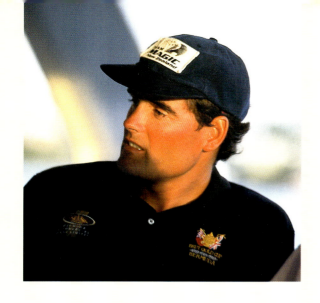

Russell Coutts in typischer Haltung: Gedankenversunken und nachdenklich kann sich der Segelsuperstar in jedem Umfeld ganz in seine Welt zurückziehen.

Recherchen auf die Familie Coutts. Doch die hübschen Regatta-Szenen mit Russell und Robin Coutts enden damit, dass die beiden Brüder nach einer verpassten Tonnenrundung aneinander geraten und sich eine handfeste Prügelei liefern. Keine gute Werbung für den Segelsport, dachte sich der Kameramann, und löschte die Bilder wieder. Schade, denn sie wären heute sicher sehr begehrt. Inzwischen muss sich Coutts seinen Weg schon längst nicht mehr freiboxen. Er segelt der Konkurrenz einfach davon.

Schon als 15-Jähriger hatte Coutts in der Schule auf eine Lehrerfrage nach seinem Berufswunsch »Profisegler« geantwortet. Doch nicht einmal im Neuseeland der siebziger Jahre stellte das eine viel versprechende Option dar. Als Russell – unbeirrt vom Gekicher seiner Mitschüler – bescheiden hinzufügt, dass er eines Tages gerne um den America's Cup segeln würde, erntet er schallendes Gelächter.

Aber schon 1981 macht er im Alter von 19 Jahren Ernst, wird Weltmeister in der olympischen Bootsklasse Finn-Dinghi. Drei Jahre später segelt er vor Los Angeles als überraschender Olympiasieger ins Rampenlicht. Schon in seinen Jollenzeiten lernte er *Alinghis* späteren Sportdirektor Jochen Schümann kennen.

Der Deutsche war bei seinem ersten Olympiasieg im Finn-Dinghi 1976 mit 22 Jahren genauso jung wie Coutts acht Jahre später. Einer von vielen Gründen, warum sich die beiden Köpfe der Schweizer Kampagne so sehr respektieren und so gut harmonieren.

Zehn Jahre später knackt der Neuseeländer mit dem Gesicht eines Nussknackers zum ersten mal den Jackpot des Segelsports. Der Triumph der Kiwis im America's Cup 1995 katapultiert den bis dahin erfolgreichen Match-Racer nach einer knapp fünfjährigen Studienpause, in der er »nur« 18-Footer segelt, endgültig zurück in die Weltelite. Im folgenden Jahr gewinnt er den ersten von drei Weltmeister-Titeln im Match-Race, sahnt die ersten sechsstelligen Preisgelder ab und heimst auch noch das einmalig ausgelobte Fabergé-Ei ab, das für drei Siege im Match-Race-Circuit Brut Sailing Series ausgeschrieben war. Fortan gilt er als Bester seiner Zunft. Immer an seiner Seite: Taktiker und Freund Brad Butterworth. Gemeinsam bilden Coutts und Butterworth das erfolgreichste Segel-Duo der letzten 20 Jahre.

In Deutschland war Coutts schon vor dem ersten America's Cup-Sieg bekannt. 1993 hatte er entscheidenden Anteil am Sieg des deutschen Admiral's Cup-Teams. Er war es, der Willi Illbrucks *Pinta* im berühmt-berüchtigten Fastnet Race in der letzten Nacht mit Rekordgeschwindigkeit über die Ziellinie peitschte und dafür sorgte, dass Team Germany mit einem Viertelpunkt Vorsprung von den Australiern zum vierten Mal den damals begehrtesten europäischen Hochseepokal gewann. An Bord der *Pinta* nannten sie Coutts

Coutts kennt den schnellsten Weg: 1993 verhilft er als Taktiker der Pinta *dem deutschen Team zum vierten Admiral's Cup-Sieg in der Geschichte der prestigereichsten europäischen Regattaserie.*

und seine Wache aufgrund ihres bissigen Segelstils die »Haie«.

An der Seite des neuseeländischen Nationalhelden Sir Peter Blake, der im Herbst 2001 während einer Umweltmission im Amazonas von Piraten ermordet wurde, entführen Skipper Russell Coutts und sein Team auf der legendären *Black Magic* 1995 als zweite nicht-amerikanische Nation in der Geschichte des America's Cup (nach Australien) die bodenlose Silberkanne aus den USA. Fast zwei Millionen Menschen, unter ihnen auch der von Russell Coutts bewunderte Sir Edmund Hillary, feierten damals ihre Helden in den Straßen von Auckland, Wellington, Christchurch und Dunedin. Schon damals war Coutts klar: »Wir werden niemals in Worte fassen können, was wir in diesen Tagen in unserer Heimat erlebt haben.«

Coutts hat die Bühne für seine Segeleinsätze oft gewechselt, seinen Segelstil aber kaum. Sein Aktionsradius beginnt und endet am Steuer eines Bootes. Sobald er seine Hände an Rad oder Pinne legt, wirkt er wie in Trance. Er selbst sagte einmal: »Ich glaube, dass man diesen Tunnelblick braucht, um erfolgreich zu sein.«

Seine jeweilige Mannschaft weiß, wann er wieder in »Russells Welt« ist. »Wir waren immer froh«, erinnert sich ein ehemaliger Mitsegler im *Team New Zealand*, »wenn er dort angekommen war, denn wir konnten ihn kaum etwas anderes an Bord machen lassen. Da war er hoffnungslos. Aber wenn er am Steuer steht, dann segelt ein Boot anders. Er holt immer das Beste aus ihm heraus.«

Menschlich ist, dass dieser geniale Segler und studierte Ingenieur tatsächlich auch chaotische Züge besitzt. Legendär sind die Geschichten früherer Segelkameraden, die grinsend von einem unterhaltsamen Phänomen berichten: »Russell war etwas schusselig. So vergaß er damals fast immer sein Lunchpaket, das wir uns für das Training draußen auf dem Wasser selbst mitbrachten. Wir haben ihm dann unsere Brote verkauft und prima Deals gemacht...«

Als Russell Coutts als Sportlicher Direktor und Skipper den America's Cup 2003 mit *Alinghi* zum dritten Mal gewinnt, erwirbt er sich den Nimbus der Unbesiegbarkeit. Olin Stevens, der 96-jährige Meisterzeichner sieben siegreicher America's Cup-Yachten Mitte des vergangenen Jahrhunderts, zählte in Auckland zu Coutts' Bewunderern: »Russell Coutts ist ein Zauberer am Steuer.« Schon vor dem Triumph hatten seine ärgsten Kritiker in den Medien Schlimmstes geahnt. Der »Herald« bangte: »Sollte Coutts den Cup wieder in den Himmel heben dürfen, dann wird er natürlich lächeln. Oder ist das nur die Entblößung seiner Zähne, bevor er unsere Beine abbeißt?«

Der America's Cup 2003 hat nur eine Frage unbeantwortet gelassen: Wer soll diesen Mann und sein herausragendes Team 2007 in Europa schlagen?

Der Würfel ist gefallen.
Cäsar

LOUIS VUITTON CUP:
Kuh gegen Wal – Giganten unter sich

Am 7. Januar fallen die Schürzen. Es ist der lange herbeigesehnte Tag der Enthüllungen in Auckland. Die »City of Sails« präsentiert sich für diesen Yacht-Striptease unter strahlend blauem Himmel von ihrer hochsommerlichen Seite. Schon um 8 Uhr drängeln sich tausende Fans, Segler und Journalisten vor den verschlossenen Toren des *Alinghi*-Camps. Die Enthüllunsgzeremonie ist öffentlich und beginnt im »Pink Palace« der Schweizer, bevor *Oracle BMW Racing* und auch Cup-Verteidiger *Team New Zealand* nachziehen müssen. Nach jahrelangem Versteckspiel, versuchter Spionage und erfolgreicher Geheimhaltung ist es endlich so weit: Die Teams müssen zeigen, was sie haben.

Begleitet von original Schweizer Alphorn-Bläsern lässt *Alinghi* die Hüllen fallen. Zu sehen sind ein solider Allround-Kiel und ein harmonisches Unterwasserschiff. »Unsere Überraschung wird sein, dass es vielleicht gar keine Überraschung gibt«, hatte Schümann zuvor schon angedeutet. Immerhin hatte sich das Team einen besonderen Spaß für Weltpresse und Zuschauer erlaubt. Nur für diesen Tag hatte man den Kiel per Klebefolie

Vorder- und Rückansicht (unteres Bild) des »Pink Place«: *Alinghis* Base schimmerte im neuseeländischen Sommerlicht rosa. Das größte aller Basiscamps in der Halsey Street lockte Zehntausende in die »Interactive Plaza« und in den viel besuchten *Alinghi* Shop.

Der »Wal«: *Oracle BMW Racings* soeben erstmals enthüllte bullige Kielbombe. Im Hintergrund werfen auch *Pradas* Segler interessierte Blicke auf das Werk der Konkurrenz.

Die »Kuh«. Jochen Schümann vor *Alingis* Kielbombe, die sich am Tag der Enthüllung als auf dem Rücken liegende Kuh mit ausgestreckter rosa Zunge und weißen Hörnern präsentiert.

in eine auf dem Rücken liegende Kuh mit ausgestreckter rosa Zunge und zwei spitzen weißen Hörnern verwandelt. Wer da wohl auf die Hörner genommen werden sollte? Nicht alle Segler *Alinghis* fanden Gefallen an dieser humorvollen Einlage. Wie man hörte, konnten sich insbesondere die Neuseeländer nicht mit der Verballhornung ihrer Hightech-Yacht anfreunden. Doch Bertarelli erklärte mit Augenzwinkern: »Ein bisschen Spaß muss schon mal erlaubt sein.«

Schon am Vortag hatte *Alinghi* angekündigt, im Finale um den Louis Vuitton Cup mit der bewährten *SUI 64* starten zu wollen. Ein Entschluss mit weit reichenden Folgen, denn laut Reglement würden *Alinghi* oder *Oracle BMW Racing* auch das Match um den America's Cup mit der für das Louis Vuitton Cup-Finale gewählten Yacht bestreiten müssen.

Anschließend zog der Tross der Neugierigen drei Camps weiter in die Halsey Street 155–161. Die Amerikaner lassen DJ Fat Boy Slims Hit »Right here, right now« aus den Boxen dröhnen, während sich die – ebenfalls bewährte – *USA-76* entblättert. Hier geht immerhin ein Raunen durch die Menge. »Die Kielbombe sieht aus wie ein Wal«, kommentiert *Alinghis* Chefdesigner Rolf Vrolijk das gedrungene Modell und fügt grinsend hinzu: »Dann segelt jetzt also eine Kuh gegen einen Wal um den Einzug in den America's

Die Enthüllung der »Geheimwaffe«: Erstmals zeigt *Team New Zealand* seine beiden neuen Yachten *NZL 81* und *NZL 82*. Deutlich zu sehen ist der so genannte »Hula«. Dieser Rumpfanhang erstreckt sich vom Heck bis zur Rumpfmitte und ist als eine Art Muschel mit Millimeterabstand zum Rumpf angebracht worden.

Cup.« Seine Experten-Analyse: »Was wir hier sehen, überrascht uns nicht. Man sieht, dass Ellisons Boot mehr im Computer entwickelt wurde, während unseres vor allem auf dem Wasser in enger Zusammenarbeit mit den Seglern entstand. *Oracle BMW Racing* setzt auf hohe Geschwindigkeit bei Geradeausfahrt, während wir in unserem Konzept mit besserem Beschleunigungspotenzial in den Manövern der taktischen Komponente mehr Gewicht verleihen.«
Design-Konkurrent Bruce Farr, Vater der *USA-76*, räumt ein: »Auf den ersten Blick sieht das Paket von *Alinghi* etwas kraftvoller aus, doch man muss alle Komponenten eines Designs miteinbeziehen, um die Gesamtleistung ermitteln zu können.« Im Finale um den Louis Vuitton Cup sollte sich schnell zeigen, was Farr andeutete: *Oracle BMW Racing* hatte seine Yacht in der Weihnachtspause heftig in Richtung Leichtwind-Leistungsvermögen modifiziert.
Zur Hymne »Loyal« kranen als Dritte *Alinghis* Camp-Nachbarn ihre beiden Yachten unverhüllt und spektakulär aus dem Hafenbecken des Viaduct Basin. *Team New Zealand* muss zwar beide Boote zeigen, sich aber erst kurz vor dem America's Cup-Finale für eines entscheiden. Der Tag gehört den Neuseeländern, die nicht nur mit einer enorm langen, zigarrenförmigen Kielbombe für Aufsehen sorgen, sondern dem Publikum tatsächlich beide Yachten mit dem geheimnisumwitterten »Hula« präsentieren. Eine Art zweite Haut, die in Form einer Schale im Abstand von etwa zwei Millimetern zum Rumpf vom Heck bis zur Rumpfmitte reicht, soll dem Wasser aufgrund ihrer hydrodynamischen Eigenschaften eine verlängerte Wasserlinie des Bootes vortäuschen und es somit schneller machen.
Laurie Davidson, ehemaliger Chefdesigner *Team New Zealands* und inzwischen verantwortlich für die bereits ausgeschiedene *OneWorld*, erklärt: »*Team New Zealand* hat das Boot kreiert, das wir alle gerne gezeichnet hätten. Wir haben es aber aufgrund der Regeln für den Rumpf nicht getan. Ich glaube, dass die NZ-Boote laut Regel 26B

Rückte mehr und mehr in den Mittelpunkt der Medien: *Alinghis* Chefdesigner Rolf Vrolijk war ein begehrter Interview-Partner der internationalen Journalisten in Auckland.

schlicht illegal sind. Die Vermesser hätten das von Beginn an nicht erlauben dürfen. Der Hula verleiht dem Schiff mehr effektive Länge durch einen Zusatz, der technisch nicht Teil des Rumpfes ist, aber trotzdem als solcher funktioniert.« Bruce Farr meint das Gleiche, als er charmant sagt: »Der Hula – so heißt das also jetzt, oder? Liegt es daran, dass es ein Tanz um die Regeln ist?«

Ein Mann ist da, der beim Anblick der Kiwi-Yachten nur lächelt. Es ist ein höchst zufriedenes stilles Lächeln. Rolf Vrolijk hat es gesehen. Und Jochen Schümann auch. Der Mann, dem das Lächeln gehört, ist Russell Coutts. Das Lächeln bedeutet für sein Team alles: Entwarnung – keine Gefahr. Dazu bedurfte es keiner weiteren Worte. *Alinghi* hatte selbst schon vor langer Zeit mit ähnlichem Ansatz getestet. Bei den Schweizern hieß dieser Anhang mit deutlichem Hinweis auf den weltbekanntesten Hintern des Pop-Geschäfts J-Lo. Doch J-Lo war bei *Alinghi* zu diesem Zeitpunkt längst wieder out. Nicht nur, weil man um die Legalität bangte. Vor allem deshalb, weil J-Lo keinen direkt ermittelbaren Vorteil für das Konzept der Eidgenossen bot.

Die Karten waren also verteilt. Jochen Schümann fasst vor dem ersten Startschuss die Ausgangslage zusammen: »Wir sind die Favoriten, und die Statistik spricht für uns. *Oracle BMW Racing* ist aber ein potenter Gegner und durchaus für Überraschungen gut.« Die europäisch-amerikanische Auseinandersetzung beginnt wie üblich mit einer Sturmabsage. Doch es gibt ersatzweise Gesprächsstoff: Erstmals werden Schiedsrichter auch an Bord der Yachten im Rennen eingesetzt. Sie sollen das Geschehen direkt kommentieren und die Mannschaft während des laufenden Duells über mögliche Risiken einzelner Manöver informieren. Die meisten Segler begrüßen die Entscheidung, denn viele von ihnen sind in ihrer Karriere schon mit überraschenden Entscheidungen auf dem Wasser konfrontiert worden. So klatscht auch Russell Coutts Beifall: »Das wird sich positiv auf unseren Sport auswirken und fragwürdige Bestrafungen vermeiden helfen, die das Spiel mitunter dramatisch beeinflussen.«

Die Münchner Autobauer von BMW sind in Bestlaune. Marketing-Leiter Karl-Heinz Kalbfell konstatiert: »Wir sind als Debütant gestartet. Jetzt stehen wir im Finale dieses hochkarätigen Wettbewerbs. Das gesamte Team hat eine phänomenale Leistung erbracht und es sich verdient, auch in den entscheidenden Rennen mit von der Partie zu sein.« Dabei ist BMWs größtes Zugpferd für die Berichterstattung im heimischen Deutschland Konkurrent Jochen Schümann. Dem kommt der BMW-Höhenflug gerade recht: »Es handelt sich zwar nicht um ein klassisch deutsch-deutsches Duell, aber unser Finale wird in Deutschland sicher für noch mehr Interesse am America's Cup sorgen.« Bei den Buchmachern ist *Alinghi* klarer Favorit. Das britische Wettbüro William Hill bietet bei einem Sieg der Eidgenossen zu die-

Das spannendste Duell der Cup-Serie: *Oracle BMW Racing* gegen *Alinghi*. Bemerkenswert an diesem Bild ist das im Top-Bereich extrem ausgestellte Großsegel der *USA 76*.

sem Zeitpunkt nur 1,14 Euro. Wer auf Ellisons *USA-76* setzt, dem winken 4,75 Euro.

Das mit Spannung erwartete Duell beginnt, so Schümann, mit einem »leichten Sieg«. *Alinghi* gewinnt die erste Partie mit einem komfortablen Vorsprung von einer Minute und 24 Sekunden. Und entgegen sonstiger Zurückhaltung streuen gleich mehrere Segler fröhlich Salz in die frischen Wunden von Skipper Chris Dickson. Schümann urteilt: »*Oracle BMW Racing* hat heute nicht besonders gut gesegelt. Es war keine große Herausforderung. Unser Gegner wirkte manchmal, als hätte man dort schon aufgegeben.« Vorsegeltrimmer Simon Daubney fasst zusammen: »Es war eines der entspannteren Rennen.«

Die zweite Begegnung verläuft spannender, endet aber ähnlich. Dieses Mal wirkt die *USA-76* ebenbürtiger, verschenkt aber nach einem Handling-Fehler und dem anschließenden Bruch des Spinnaker-Baums trotz eindrucksvoller Blitzreparatur rund 20 Sekunden. Im Ziel sind es 40 Sekunden Vorsprung, die *Alinghi* den zweiten Siegpunkt bringen.

Zwei Tage später macht Dickson noch mehr Druck. Endlich herrschen seine Bedingungen: Rund zwölf Knoten Wind und glattes Wasser bilden die Bühne für den gelungenen US-Auftritt. Tausende Zuschauer erleben das bis dahin spektakulärste Rennen auf dem Hauraki-Golf, das durch einen Penalty entschieden wird. Im entscheidenden Manöver auf etwa halber Strecke

Alinghis Abwehrkampf: Unter Spinnaker hatte *Oracle BMW Racing* gegenüber den Schweizern leichte Geschwindigkeitsvorteile. Nur reichten die nicht aus, um am Ende auch den Rennsieg davonzutragen.

Erster an der Luvtonne: *Oracle BMW Racing* hat die Supermacht *Alinghi* als einziges Team der 31. Cup-Auflage ernsthaft fordern können. »Sie haben uns noch stärker gemacht«, bescheinigte Sportdirektor Schümann (vorhergehende Doppelseite).

des Kurses hatte *Oracle BMW Racing* die Strafe nach einer selbst verschuldeten Kollision mit *Alinghi* von den Schiedsrichtern kassiert. Zwar können die Amerikaner ihren Gegner anschließend überholen und ihre Führung bis kurz vor Ziel auf 120 Meter ausbauen, doch die Absolvierung eines Penaltys – das wissen alle Teams – kostet hier und auf diesen Booten etwa 30 bis 40 Sekunden. Wäre Steuermann Holmberg der Kringel sauber gelungen, dann hätten die Amerikaner das Rennen mit nur drei Sekunden Rückstand verloren. Bei der hektischen Drehung jedoch berührt *USA-76* sogar noch die Zielbegrenzungstonne und muss noch einmal um sie herumsegeln. Der Segelkrimi endet mit einer Minute und einer Sekunde Vorsprung für *Alinghi* und 3:0 in der Zwischenwertung.

»Wir sind über den Berg«, sagt Schümann an diesem Tag und meint das rein rechnerisch. Dann lobt er die Konkurrenz: »*Oracle BMW Racing* hat alles, was man zum Siegen braucht. Die können uns noch schlagen, wenn sie alles richtig und wir Fehler machen.«

An Land gibt es ebenfalls gute Nachrichten für die Schweizer. David Walden bläst zum Rückzug seiner BlackHeart-Kampagne. Schümann sagt, was viele in seinem Team denken: »Wir hoffen natürlich, dass damit die Verrückten ruhig gestellt sind und sich auf dem Rückmarsch befinden.«

Tatsächlich macht *Alinghis* Mannschaft im vierten Rennen den von Schümann erwähnten Fehler. Während Larry Ellison schon zum zweiten Mal pausiert und das Duell von Bord seiner Mega-Motoryacht *Katana* aus beobachtet, streifen Dickson und sein Team die Schweizer einfach in einem Flautenloch ab, segeln in weitem Abstand mit besserem Wind um die grau-rote Yacht herum und erreichen die Ziellinie mit zwei Minuten und 13 Sekunden Vorsprung – eine saftige Ohrfeige für Coutts und Co. Schümann erklärt den ungewöhnlichen Rennverlauf bei lauen Winden später so: »Es herrschten Segelbedingungen wie auf dem Genfer See. Es passiert wirklich nicht oft, dass man vorne und auf direktem Weg zur Tonne ist und der Gegner in großem Bogen um dich herumsegelt und die Führung übernimmt.« Das unerschütterliche Selbstbewusstsein Schümanns aber ficht die Niederlage nicht an: »Ich bin immer noch sicher, dass wir es selbst in der Hand haben, hier zu gewinnen.«

Bei optimalen Winden um 13 Knoten und strahlendem Sonnenschein werden beide Teams am 17. Januar von ihren Fans wie Gladiatoren in die Arena geschickt. In der US-Basis dröhnt Deep Purples »Smoke on the water« aus den Boxen. So schnell wünschen sich die Anhänger ihre Yacht. Schreiende Ehefrauen, johlende Kinder und die hochgereckten Daumen der Land-Crew sorgen für eine Kulisse wie beim American Football. Bei den Schweizern klingeln die Kuhglocken, während sich die Crew-Mitglieder vor dem Auslaufen an die Hände nehmen und ein paar gekonnte La-

Der Traum beginnt: *Alinghi* hat den Louis Vuitton Cup gewonnen und zieht, belagert von den Fans, als offizieller Herausforderer in die 31. Auflage des America's Cup ein.

Ola-Wellen aufs Boot zaubern. Das anschließende Rennen »war gar nicht gut für mein Herz«, erinnert sich Rolf Vrolijk. *Alinghi* setzt zu Beginn auf die falsche Seite und muss kämpfen, um die Führung zurückzuerobern. 13 Sekunden Vorsprung reichen im Ziel zum 4:1.

Ein Sieg noch fehlt dem Alpen-Express, um sich mit einem besonderen Rekord in die Geschichtsbücher einzutragen: Noch nie zuvor hat ein Binnenland ohne Küstenanschluss den Einzug in ein America's Cup-Match geschafft. Am Abend des 18. Januar geht Jochen Schümann mit seiner Familie ins Kino. »Wir haben ›Catch me if you can‹ gesehen, und ich habe dabei an *Oracle* gedacht«, berichtet er später grinsend.

Einen Tag später ist es vollbracht. Die Vorentscheidung fällt in der Vorstartphase, als Instinktsegler Holmberg sich durch aggressives Manövrieren einen Strafkringel einfängt. Obwohl sich *Oracle BMW Racing* auf der ersten Kreuz weit genug absetzt, um den Penalty ausführen zu können, votiert Dickson dagegen. Ein teurer Fehler, den Dickson sogar noch einmal wiederholt, bevor *Alinghi* die Rivalin wieder in den Würgegriff nimmt. Um 17.40 Uhr Ortszeit feiern die Schweizer im sechsten Rennen den fünften und entscheidenden Sieg.

Larry Ellison ist geschlagen: »Zweiter zu werden ist nicht lustig. Aber wir kommen wieder. Ich war überrascht, wie gut die Jungs von *Alinghi* sind. Ich glaube, es ist das beste Segelteam, das ich je gesehen habe.« Milliardärs-Rivale Bertarelli gibt das Kompliment zurück: »Als ich damals unser America's Cup-Projekt beschlossen habe, wusste ich noch nicht, dass Larry auch dabei sein wird. Als ich dann von seinem Engagement hörte, dachte ich: Sch..., das wird hart. Ich weiß, wie sich Larry heute fühlt, denn ich selbst bin ein schlechter Verlierer.«

Obwohl die Amerikaner in vier dieser sechs Rennen mehrmals in Führung lagen, konnten sie ihre

Starke Männer mit starken Frauen an ihrer Seite: Cordula Schümann (oben) und Dorit Vrolijk (Mitte) lebten mit ihren Ehemännern in Auckland. Bei der Louis Vuitton Cup-Siegerfeier präsentierten sich beide Paare in Partylaune.

Vorteile nicht in Siege umwandeln. Taktische Fehlentscheidungen verhinderten ein engeres Kopf-an-Kopf-Duell. »Trotzdem hat uns *Oracle BMW Racing* stark gemacht«, bedankt sich Schümann, »sie waren am Ende das mit Abstand am besten optimierte Boot für leichte Winde. Dass wir sie schlagen konnten, war ein gutes Zeichen, denn in den anderen Windbereichen waren wir ohnehin gut.«

Alinghis fast makellose Bilanz im Louis Vuitton Cup: 26:4 Siege. Nur drei Mal verloren die Schweizer auf dem Wasser, einen Punkt verschenkten sie in der Vorrunde nach gesicherter Top-Position freiwillig an die *Prada Challenge*. *Alinghi* ist die würdige Siegerin am Ende der Herausfordererserie, in die am 1. Oktober 2002 neun Syndikate mit kleinen und großen Hoffnungen gezogen waren. In insgesamt 114 Rennen gab es 182 Proteste, aber nur 23 verhängte Penaltys. 19 von insgesamt 61 Wettfahrttagen – 31 Prozent – mussten ausfallen, weil das Windfenster von den Herausforderern selbst mit Blick auf die vermeintlichen Bedingungen im Februar zu eng gesteckt worden war.

Das unrühmliche letzte Kapitel im Louis Vuitton Cup gehört der Siegerehrung. Tausende Neuseeländer versagen dem Schweizer Team erneut den Respekt. Zwar sorgt *Alinghis* Fanclub auf mehreren Begleitbooten mit einigen hundert ausgelassenen Frauen, Kindern, Männern und Kuhglocken für Stimmung, doch von sportlicher Fair-

Jubel, Trubel, Heiterkeit: Bei der Abschluss-Pressekonferenz der Louis Vuitton Cup-Sieger im Media Center herrscht unter *Alinghis* Seglern ausgelassene Stimmung.

Das obligatorische Siegerbad: Jochen Schümann verlor dabei seine Sonnenbrille, aber nicht seine gute Siegerlaune.

ness geschweige denn echter Anerkennung ist im Viaduct Basin, das vor der Zeremonie in Sorge vor möglichen Sabotage-Aktionen noch von Tauchern gesichert wurde, nichts zu verspüren. *Alinghis* Team stellt seine Partytauglichkeit an diesem Abend trotzdem unter Beweis. Auch Jochen Schümann, der bei der großen Pressekonferenz am späten Nachmittag als einziges namhaftes Crew-Mitglied fehlt, weil er zur gleichen Zeit lieber *Alinghi* sicher in die Base zurückbringen wollte.

In der rustikalen Seglerkneipe Loaded Hogg und im eleganten Cocktail-Paradies Soul geht es hoch her. Unter den wachsamen Augen einiger neuseeländischer Bodyguards scheuen sich Bertarelli, Coutts, Butterworth, Schümann, Vrolijk und all die anderen nicht, die Öffentlichkeit an ihrer überschäumenden Freude teilhaben zu lassen. Für einen Abend wird das strikte Sportprogramm außer Kraft gesetzt. Nicht nur Bertarelli – das wissen alle – kann so gut feiern wie hart arbeiten. Seine enthusiastische Frau Kirstie, ehemalige »Miss Großbritannien«, sowieso. Den Ehrentitel »Party Animal«, der Bertarelli von einer Schweizer Tageszeitung verliehen wird, quittiert der 38-Jährige mit einem Lächeln. In den frühen Morgenstunden dieser Nacht erwägt die Führungsriege *Alinghis* gar, im Hafen ein Jetbike-Rennen zu veranstalten, verwirft den Gedanken aber glücklicherweise wieder. Erstaunlich ist, dass Coutts und Michel Bonnefous bereits am nächsten Morgen um 9 Uhr zur Pressekonferenz bitten und dabei auch noch eine mehr als passable Figur abgeben. Es scheint hilfreich zu sein, über eine erstklassige körperliche Konstitution zu verfügen.

Jochen Schümann gehört das Schlusswort zum Louis Vuitton Cup: »Mit diesem Sieg haben wir unser großes Ziel erreicht. Ab jetzt beginnt der Traum.«

HANS-JOACHIM STUCK
Benzin und Salzwasser im Blut

Hans-Joachim Stuck ist ehemaliger Formel 1-Rennfahrer, Langstreckenweltmeister und BMW-Markenbotschafter. Für den Münchner Automobilkonzern war der 52-Jährige bei der Herausforderung America's Cup 2003 in Auckland live dabei. Stuck erlebte Team und Teamwork vor, aber auch hinter den Kulissen. In seinem Gepäck auf dem Rückflug nach Europa: sieben Segelerfahrungen fürs Leben.

1. BMW ist verlässlich – zu Wasser wie zu Lande
Als Anfang 2002 die Idee geboren wurde, den »Strietzel« – also mich – nach Neuseeland aufs Boot zu schicken, war ich zunächst, das muss ich ehrlich zugeben, ein wenig skeptisch. Ich auf dem Wasser? Doch was sprach dagegen? Aus meiner Erfahrung wusste ich schließlich: BMW kann ich vertrauen. Sicher auch bei der neuen Herausforderung America's Cup. Ich sagte also zu. So ging's vom heißen Asphalt ins kalte Nass.
Im Laufe meiner Karriere wurde mir eine Frage schon zigmal gestellt: Warum eigentlich BMW? Klar, dass ich die Antwort so sicher drauf habe

Der Blick ins Cockpit von *Oracle BMW Racing*: Was sich technologisch in dem von Seglern spaßeshalber »Schwan« genannten ovalen, weißen Ei im Heck der Cup-Yacht exakt versteckte, gab das Team nie preis. Windradar oder Radar zur Bestimmung gegnerischer Daten?

wie die Mechaniker vom BMW WilliamsF1-Team den Reifenwechsel. Die Marke wurde mir quasi in die Wiege gelegt. Beinahe jedenfalls. Denn das Radfahren hatte ich kaum gelernt, da reizte mich bereits das motorisierte Vierrad. Als Neunjähriger

Deutscher Segeldesigner im *Team Oracle BMW Racing*: Der gebürtige Berliner Micky Ickert lebt mit seiner neuseeländischen Frau und zwei Kindern seit rund einem Jahrzehnt in Auckland.

brachte mir mein Vater, der Ende der 1950er-Jahre ja selbst noch Rennen fuhr, das Autofahren bei. Mit einem BMW 700. Der Wagen überstand die nächsten drei Jahre unfallfrei. Mein Vater wunderte sich über mein Händchen fürs Lenkrad. Und so gab's zu meinem 12. Geburtstag weder Federballspiel noch Fußball, sondern den passenden Zündschlüssel.

Der BMW hatte den Besitzer gewechselt. Mein erstes eigenes Auto! Klar, öffentliche Straßen waren tabu. Dafür ging's zum Üben auf den legendären Nürburgring. Später, Mitte der Siebziger, war ich in der amerikanischen IMSA-Serie aktiv. Ich musste auch nicht lange überlegen, als mich die Münchner 1998 erneut unter Vertrag nehmen wollten. Im selben Jahr gewann ich für BMW unter anderem das 24-Stunden-Rennen auf dem Nürburgring. Aus dem Motorsport ist die Marke BMW mit ihren unzähligen Erfolgen nicht mehr wegzudenken. In diesem Jahr hat sie auch zu Wasser erstmalig einen unvergesslichen Meilenstein gesetzt: Im *Team Orcale BMW Racing* beim America's Cup 2003 – und ich war live dabei!

2. Nutze das Know-how der Formel 1.
Was der Segelrennsport mit der Formel 1 gemein hat? Auf den ersten Blick des Nichtwissenden wenig. Beim zweiten Hinschauen: jede Menge. Nicht umsonst wird der America's Cup als die »Formel 1 des Segelns« bezeichnet. Was echte Motorsportfreaks an den Rennstrecken von Silverstone bis Melbourne so lieben, das finden Segelbegeisterte im kühlen Nass des Hauraki-Golfs vor Auckland: Hightech auf Höchstniveau, sportliche Leistungen der Extraklasse, dramatische Auseinandersetzungen bis zur Ziellinie. BMW hat aus der Formel 1 und der Kooperation mit WilliamsF1 so einiges auf die Rennyacht transportiert. Und damit, so meine ich, schon im

ersten Segeljahr in kürzester Zeit eindrucksvoll gezeigt, dass die Partnerschaft mit *Oracle Racing* weit über die finanzielle Verbindung hinausgeht. In Auckland konnte ich Byron Shaw über die Schulter schauen. Gemeinsam mit Robert Passaro war er aus dem BMW Technology Office im kalifornischen Palo Alto zum Louis Vuitton Cup angereist. Die beiden BMW-Ingenieure sind echte Hightech-Spezialisten. Mithilfe von Sensoren ermittelten sie an unseren Booten zum Beispiel die Belastbarkeit und die Lebensdauer der verschiedenen Bauteile. Aus der Formel 1 weiß ich nur zu genau, wie wichtig es ist, die ideale Balance zwischen Materialrobustheit und Gewicht zu finden. Schließlich müssen die einzelnen Teile häufig Kräften von mehreren Tausend Kilogramm standhalten. Eine tolle technische Neuerung, ursprünglich für Ralf Schumacher in der Formel 1 konzipiert, ist das BMW Miniature Head-up-Display. Ein verblüffendes System, das kabellos über Funk arbeitet und einfach auf die Sonnenbrille aufgesteckt wird. Eric Doyle war begeistert. Unser Mann aus der Afterguard hatte auf diese Weise ständig aktualisierte Renn-Infos im Visier, konnte sich frei an Bord bewegen und unser Team mit den aktuellsten News versorgen. Ein echter Hightech-Transfer aus der Formel 1, der sich vermutlich in Zukunft auch auf den America's Cup-Booten etablieren wird.

Kieler Segelmacherin bei *Oracle BMW Racing*: Silke Martens Büro war die Segelloft im Basiscamp der Amerikaner.

3. Ohne Teamspirit und tolle Typen geht nichts. Segeln ist ein echter Teamsport, in dem Teamspirit auf jeder Seemeile gefragt ist. Und auch an Land muss jeder Griff sitzen. Denn zu unserer Mannschaft gehörten insgesamt 140 Leute. Nicht eingerechnet: die Lebenspartner und Kinder, die mit vor Ort waren. An den Blicken und Mienen unmittelbar nach den Match-Races konnte ich erkennen, mit welcher Leidenschaft und Begeisterung alle mit von der Partie waren. So auch die Crew-Mitglieder im Hintergrund, die ja erst die

Doppelter Spaß am Steuer der *USA 76*:
Larry Ellison (r.) und sein
17. Mann für einen Tag – Formel 1-Pilot
Hans-Joachim Stuck.

Voraussetzungen dafür schaffen, dass die Yacht 1a im Wasser liegt. Wie zum Beispiel der gebürtige Berliner Mickey Ickert. Ein netter, cooler Typ. Und einer der besten Segeldesigner der Welt. Oder Segelmacherin Silke Martens aus Kiel, die immer wieder ein tolles Händchen bewies, als es darum ging, nach einem Rennen die Segel wieder auf Vordermann zu bringen. Großen Respekt hatte ich vor allem vor den Grindern: Was haben die an den Winschen gewirbelt. Echte Arbeitstiere, diese Jungs! Ich habe selbst die Erfahrung gemacht – beim Wettgrinden am Grinderautomaten mit keinem Geringeren als Jochen Schümann. Wie das ausgegangen ist? Der Gentleman genießt und schweigt... Bemerkenswert sicherlich auch der Job des Bowman. Schon faszinierend, wie der sich selbst bei starkem Wind und Wellengang souverän an Bord hält. Neben Power in den Armen muss er auch ein überdurchschnittliches Gleichgewichtsgefühl mitbringen. Denn viel zum Festhalten findet er in seinem Arbeitsbereich natürlich nicht. Ganz klar: Wer auf diesem Topniveau Erfolg haben will, der braucht eine erstklassig aufeinander abgestimmte Crew, die Hand in Hand arbeitet. Wie *Alinghi* oder wie *Oracle BMW Racing*. Im Vergleich zu den Solisten aus der Formel 1 sind diese Teams wie perfekt harmonierende Orchester, die bis zum Schlussakkord den richtigen Ton treffen.

4. Wasser kennt keine Grenzen.
Jochen Schümann, den ich als einen fairen und großartigen Sportsmann kennen lernte, hat's vor dem Duell *Alinghi* gegen *Oracle BMW Racing* auf den Punkt gebracht. Nein, für ihn sei dieses Rennen keine deutsche Auseinandersetzung, und so meinte er: »Wir haben zwar die gleichen nationalen Wurzeln, arbeiten aber beide für internationale Teams.« Der deutsche Sportdirektor aus Penzberg auf einem Schweizer Boot, umgeben von Profis aus aller Welt. Ein deutscher Automobilkonzern unter amerikanischer Flagge. Es war einfach faszinierend mitzuerleben, wie auch bei *Oracle BMW Racing* Amerikaner, Neuseeländer, Spanier, Australier und Engländer, Schweden, Kanadier, Italiener, Südafrikaner und Deutsche über viele Monate lang in Auckland miteinander gearbeitet und gelebt, gelitten und gefeiert haben. Wasser kennt keine Landesgrenzen, keine Kulturen, keine Hautfarben. Segler

Wenn 25 Tonnen Boot in eine Welle tauchen, dann hat das Vorschiffsteam Land unter.

sprechen eine Sprache. Und zwar die des Sports. Gerade deshalb fühle ich mich unter den Seglern auch so wohl.

5. Auch ein Chef muss mal zurückstecken.
Eine der größten positiven Überraschungen in Auckland war für mich Larry Ellison. Zugeben: Man macht sich schon so seine Gedanken, bevor man auf so eine Persönlichkeit trifft. Doch die Meinung, Geld verderbe den Charakter, trifft auf den kalifornischen Milliardär zu wie der Glaube, Elefanten seien die idealen Seiltänzer. Ich hatte das Vergnügen, Seite an Seite mit Larry Ellison eine Trainingsfahrt zu absolvieren. Larry Ellison – übrigens ein leidenschaftlicher Motorsportfan – ist ein absolut umgänglicher Typ. Smart im Auftreten, charmant, humorvoll und trotz Ruhm und Reichtum sehr bodenständig. Und er ist ein Hundertprozentiger, in allem was er angeht. Deshalb war er auch so fasziniert von dem Traum, der ihn schon als zehnjähriger Knirps packte: Irgendwann einmal diese skurrile Silberkanne zu gewinnen.

Larry allein hat *Oracle* zu einem der größten Unternehmen aufgebaut – beim Segeln hingegen ist er ein absoluter Teamplayer, der eigene Interessen hintenan stellt, wenn's der Crew schaden könnte. So wie bei der Idee, möglicherweise Chris Dickson zurückzuholen, um die *USA-76* wieder flotter zu machen. Tag und Nacht haben die zwei zu Beginn von Round Robin 2 ihre Köpfe zusammengesteckt, um in dieser vorentscheidenden Phase das Beste fürs Team herauszuholen. Chris übernahm das Ruder. Larry ging von Bord. Eine tolle und uneigennützige Entscheidung, die meinen höchsten Respekt verdient. Und der Erfolg des Teams gab Larry wieder einmal Recht.

6. Der 17. Mann ist nicht mittendrin, aber voll dabei.
Wenn man auf vier Rädern und mit mehr als 300 Sachen die größten Rennstrecken der Welt befahren hat, könnte man glauben, schon eine der größten Herausforderungen gemeistert zu haben. Falsch gedacht! Denn was ich als 17. Mann an Bord der *USA-76* erleben durfte, übertraf sämtliche meiner Erwartungen. Sobald du an Bord bist, darfst du mit keinem Segler mehr reden. Doch es verschlägt dir sowieso die Sprache – vor lauter Spannung und Dramatik. Man muss sich das mal vorstellen: Du sitzt hinten am Ende der Yacht und vor dir spielt sich alles ab. Du bekommst hautnah mit, wie der fast 500 Quadratmeter große Spinnaker in Sekundenschnelle gesetzt wird. Du siehst das gegnerische Boot bedrohlich nah auf dich zukommen. Rumpf an Rumpf. Die Yacht liegt gewaltig schräg, als plötzlich das Hauptsegel unseres Konkurrenten wie ein Dach über uns liegt. An Deck bleiben die Jungs gelassen. Wahre Profis eben, die nichts aus der Ruhe bringt. Kurze Kommandos. Dann Ruhe. Jeder weiß, was er zu tun hat. Meine Füße sind patschnass, weil das Wasser, das vorne kübelweise reinläuft, hinten neben mir durch eine große Öffnung abläuft. Doch das feuchte Vergnügen ist längst nicht beendet. Eine Windbö drückt unser Segel ins Meer. Beim Wiederaufrichten des Segels bekomme ich eine satte Dusche ab.

7. Erhöhter Salzwasseranteil im Blut tut gut.
Als Karl-Heinz Kalbfell, der Marketingleiter der BMW Group, von einer Fachzeitschrift gefragt wurde, warum ausgerechnet ein Experte des Motorsports beim America's Cup an Bord geht, war ein Teil seiner Antwort: »Ganz klar, der Stuck hat doch Rennhormone im Körper.« Danke, das ehrt mich natürlich. Anfangs war ich dennoch etwas zögerlich. Auch die Medien, vermuteten sie in mir doch eher eine Landratte, die sich im Wasser verirrt hatte. Michael Steinbrecher verkündete im ZDF-Sportstudio bei seiner Anmoderation mit einem Augenzwinkern: »Ich bin mir sicher: Wenn Sie seinen Namen hören, denken Sie ganz klar – Segeln.« Nachdem ich aber meine Position klar gemacht hatte, dass ich zwar privat gerne segele, aber sicherlich nicht der absolute Segelfachmann bin, waren die anfänglichen Vorbehalte schnell verflogen. Ohnehin sah ich mich verstärkt als Verbindungsglied zwischen Motorsport und der »Formel 1 des Segelns«, die bekanntlich viel gemeinsam haben. Und es hat mich dann auch mächtig gefreut, als Frank Elstner später in seiner Talkshow meinte: »BMW lag richtig. Du redest darüber, als hättest du seit 30 Jahren nichts anderes gemacht als Segeln.« Der America's Cup war eine Herausforderung, die ich nie vergessen werde.
In meinen Adern fließt immer noch mehr Benzin als Salzwasser – aber der Anteil des Wassers erhöht sich ständig.

*Aber hier wie überhaupt,
kommt es anders, als man glaubt.*
WILHELM BUSCH

DAS 31. MATCH UM DEN AMERICA'S CUP:
Eine einseitige Angelegenheit

Fans, Journalisten und Buchmacher hatten es anders gesehen: Zwei Drittel der Journalisten im internationalen Medienzentrum tippten auf Sieg für *Team New Zealand*. Beim britischen Buchmacher William Hill gab es nur 1,66 für den Einsatz eines Euros für jene, die auf die Kiwis wetteten. Dagegen konnten *Alinghi*-Anhänger immerhin 2,10 Euro für einen einheimsen, wenn sie auf die Schweizer setzten. Gastgeber und Cup-Verteidiger *Team New Zealand* wurde vor Beginn des 31. Match um den America's Cup zum Favoriten erklärt. Für Jochen Schümann jedoch kein Grund zur Besorgnis: »Sollen die Leute doch auf Neuseeland setzen. Dann werden sie ihr Geld eben verlieren.« So mancher Experte wünschte sich später, auf den Deutschen gehört zu haben. Noch einmal, am 11. Februar 2003, fielen die Masken. Dieses Mal endgültig. Noch ein letztes Mal mussten *Team New Zealand* und *Alinghi* ihre Yachten der Öffentlichkeit zeigen. Nackt und unverhüllt, versteht sich. Anschließend sind keine Änderungen mehr erlaubt. Wieder kommt *Alinghis* Chefdesigner Rolf Vrolijk beim Vergleich auf die bereits fertige Analyse: »Es bleibt

Wettbewerb der schönsten Rückansicht: Die Can Can-Tänzerinnen mit *Alinghis* Buchstaben auf ihrem Allerwertesten machten *Alinghis* Unterwasserschiff reichlich Konkurrenz.

dabei: Für mich ist es ein Duell zwischen einer Designer-Yacht und einer Segler-Yacht. Die Kiwi-Lösung ist keine Segler-Lösung.«
Was Vrolijk andeutete, lag auf der Hand. Die Designer *Team New Zealands* hatten offensichtlich alles daran gesetzt, ihrer nach dem Exodus neu-

Unter sich: Die beiden schwarzen Yachten *Team New Zealands* bei einem ihrer letzten Trainingseinsätze auf dem Hauraki-Golf.

seeländischer Segler ausgedünnten Mannschaft ein Boot zu geben, das den Cup nötigenfalls auch im Alleingang gewinnen könnte. Eine Wunderwaffe sollte es wohl sein. Am Ende würden sich tatsächlich alle wundern – über ihr Versagen.

Das erste Duell zwischen Verteidiger und Herausforderer lässt Auckland aus seinem Dornröschenschlaf erwachen. Da sind sie endlich: Zehntausende bevölkern die Ufer rund um das Viaduct Basin und säumen den Kurs auf dem Hauraki-Golf. Die ganze Stadt und das ganze Land sind »LOYAL«. Der erst 29-jährige Skipper Dean Barker und seine junge Mannschaft werden beim Auslaufen von frenetischen Beifallsstürmen begleitet. Auf jedem

Gruppenbild mit Dame. *Team New Zealands* Design-Koordinator Tom »Schnack« Schnackenburg und Rod Davis, zunächst für *Prada*, anschließend umstritten für *Team New Zealand* im Einsatz, am Vorabend des ersten Cup-Duells mit Supermodel und Omega-Botschafterin Cindy Crawford.

Quadratmeter des Hafenviertels herrscht Gänsehautstimmung. Überall wehen schwarze Flaggen. Jede Mülltonne im Hafenviertel ziert ein LOYAL-Logo. Aus den Seifenspendern der öffentlichen Toiletten fließt schwarze Flüssigseife. LOYAL-T-Shirts sind längst ausverkauft. Und sogar das Wahrzeichen Aucklands ist von Kopf bis Fuß auf Cup eingestellt: In jeder Nacht vor einem America's Cup-Duell hüllt sich der Sky Tower, mit 328 Metern das höchste Gebäude der südlichen Hemisphäre, in Dunkelheit. Das kleine Schwarze, das an jenen Abenden nur von einigen roten Positionsleuchten verziert ist, soll *Team New Zealand* in Siegerlaune bringen.

Omega-Botschafterin und Supermodel Cindy Crawford wird an diesem Tag draußen auf dem Kurs den Knopf der Startuhr drücken. Die Mutter eines dreijährigen Sohnes, deren Gesicht schon mehr als 600 Titelseiten internationaler Modemagazine schmückte, hat sich angeblich am Vorabend bei einer Gala darüber gewundert, warum ganz Auckland Schwarz trägt. Die Geschichte klingt eher wie ein erfundenes Gerücht, wird aber von den Medien sofort aufgegriffen. Mami Cindy macht dem Mann des Tages Mut. Auf die Frage nach ihrem Tipp für Dean Barker sagt sie: »Ich würde ihm keinen Segelratschlag geben. Was ich gelernt habe, ist, es einfach zu genießen. Wie cool ist das: Er ist der Skipper einer America's Cup Yacht. Und das in seiner Heimat. Es ist so aufregend.«

Dean Barker wäre etwas weniger Aufregung vermutlich lieber gewesen. Der zurückhaltende Junge aus vermögender Familie ist keiner, der das Rampenlicht mag, geschweige denn genießt. Dass er trotzdem brav zu jeder Pressekonferenz erscheint, während sich andere Skipper häufig vertreten lassen, ist ihm hoch anzurechnen. Warum er das tat, verriet er neugierigen Journalisten später mit Lausbuben-Lächeln: »Versuchen Sie doch mal, einen meiner Jungs dazu zu bewegen, hier aufzutreten.«

Doch für Späße derlei Art blieb Barker kaum Zeit. Hochrechnungen von Experten hatten für seine umstrittene Hula-Yacht bis zu neun Sekunden Geschwindigkeitsvorteil pro Meile vorhergesagt. Barker hatte an diesen Vorschusslorbeeren schwer zu tragen. Insbesondere bei Starkwind sollte das Konzept die Kiwis am Gegner vorbeikatapultieren.

Der erste Renntag begrüßt die Segler tatsächlich so stürmisch, als hätte Barker das Wetter persönlich im Himmel bestellt. Umso größer ist der Schock, als Zehntausende Zuschauer auf rund

Das Drama nimmt seinen Lauf: *Alinghis* überlegene Amwind-Geschwindigkeit ist ein entscheidender Faktor für den Durchmarsch der Schweizer, die fast immer als erste die Luvtonne erreichen und ihren Vorsprung anschließend »nur« verteidigen müssen.

25 000 Begleitbooten und die Fernsehzuschauer in aller Welt eines der kürzesten Auftakt-Matches in der Geschichte des America's Cup miterleben: 28 Minuten nach Cindys Startsignal müssen die Kiwis nach einer dramatischen Bruchserie aufgeben. In der ruppigen Welle des Hauraki-Golf hatte die *New Zealand*, schwarzer Stolz der Nation, einen so heftigen Wassereinbruch zu verzeichnen, dass nicht nur fachfremde Fans ein baldiges Sinken befürchteten.

Das Wasser breitet sich aus und erreicht die Oberschenkel einiger Segler. Verzweifelt bemühen sie sich, die bis zu sechs Tonnen Salzwasser aus dem Rumpf zu schöpfen. Ihr Arbeitsplatz sieht wie ein Whirlpool aus. Langsam dämmert es den Experten, dass es sich bei den eindringenden Wasser-

Der gebrochene Stolz einer ganzen Nation: Mit dem Mast brechen im vierten Cup-Rennen auch die letzten Hoffnungen der Kiwis, den America's Cup doch noch verteidigen zu können.

massen keinesfalls um eine von den Designern kalkulierte Beschwerung der Yacht handelt, die dadurch absinkt und eine längere Wasserlinie erhält. Nein, das schreckliche Spektakel suggeriert anderes.

Nichts ist mehr klar auf Barkers Boot. Das Rigg ächzt überbelastet. 24 Minuten nach dem Start wird eine Kettenreaktion ausgelöst, die zum Aus führt: Zunächst bricht die Großbaumnock, dann der Schäkel am Genuahals. Dabei reißt das Profilstag dermaßen auf, dass auch die eilig hervorgezerrte Ersatzgenua keinen Halt mehr findet und das Ende dieser Auftaktpartie besiegelt. Nicht einmal die nur Zentimeter großen roten Socken, die *Team New Zealand* im Gedenken an den großen Sir Peter Blake auf die Außenhaut der

Die Jäger umkreisen ihre Beute: *Alinghis* Eliteeinheit nimmt in der Startphase die *New Zealand* ins Visier. Im »Circling«, dem klassischen Kriegstanz vor dem Start, versucht *Alinghi*, sich an das Heck des Gegners zu hängen und damit Kontrolle über *NZL 82* zu gewinnen.

Yacht gepinselt hatte, haben das erhoffte Glück gebracht.

Das Katastrophenszenario setzt sich in den Köpfen fest. Noch am selben Abend kursieren Gerüchte, dass *NZL 82* möglicherweise einen

Ein Blick in den Himmel, doch Russell Coutts muss dort niemanden anflehen. Das *Team Alinghi* weiß sich in jeder Situation zu helfen, hat den Gegner fast immer fest im Griff.

Strukturschaden davongetragen hätte. *Alinghis* Segler beobachten, wie die Yachten ihrer Camp-Nachbarn in die Werfthallen gebracht und dort hinter verschlossenen Toren bearbeitet werden. Zur gleichen Zeit ringen Tom Schnackenberg und Dean Barker bei der Pressekonferenz um ihre Fassung. Atomphysiker und Design-Guru »Schnack«, nicht nur von Dennis Conner zum »klügsten Kopf des Yachtsports« geadelt, gibt zu, dass sein Team das Hightech-Geschoss im Training kaum einmal bis ans Limit gefordert hatte. Dean Barker fügt hinzu, dass man sich finanziell keine großen Brüche hätte leisten können und schon deshalb immer wieder aufs Bremspedal hätte treten müssen.

Doch Christian Karcher, Franzose in Diensten *Alinghis* und erfahrener Cup-Segler, bringt das Problem auf den Punkt: »Wir waren im letzten Winter jeden Tag auf dem Wasser. Mit Wollmützen auf dem Kopf haben wir zwölf Stunden trainiert. Ihr Boot hat einfach zu viel Zeit in der Halle verbracht, wo man es schneller machen wollte.«

Leichte und drehende Winde lassen den zweiten Renntag gnädiger beginnen. Alles deutet nach zweieinhalbstündiger Startverschiebung auf einen spannenden Eröffnungstanz zwischen zwei ehemaligen Match-Race-Weltmeistern hin. Barker ist zwar Coutts` Lehrling, doch er hat seinen Meister schon mehrmals geschlagen. Dieses Mal aber ist es ein Kampf mit ungleichen Waffen. *NZL 82* ist nicht wendig genug, um dem Powerplay *Alinghis* Paroli bieten zu können. Zwar kommen die Kiwis mit Wegerecht, doch es dauert nur ein paar Minuten, bis Coutts und Co. den Spieß umgedreht haben. In gewünschter Position schießt *Alinghi* knapp vor dem schwarzen Boot über die Startlinie.

Im Verlauf dieses Rennens wird klar, woran die neuseeländische Yacht krankt: Sie wirkt zwar schneller, kann aber die Höhe *Alinghis* nicht halten – ein entscheidender taktischer Nachteil. Trotzdem macht Barker auf dem ersten Vorwind-Gang aus dem 12-Sekunden-Rückstand an der Tonne eine Führung. Zum ersten Mal scheint *Alinghi* entzaubert. Die Nation hält den Atem an. Die Reporter überschlagen sich in ihrem Lob für die »Kiwi-Rakete«. Vielleicht würde man den Cup doch behalten können?

Was dann passiert, geht als eine der genialsten Aufholjagden in die Segelsportgeschichte ein. Nach einem so genannten Tack Jibe Set (Wende, Halse, Setzen des Spinnakers) an der Luvtonne werden die Verfolger auf *Alinghi* für ihre Risiko-

Geballte Freude nach einem Rennsieg im Cup-Finale: Die Stimmung an Bord von *Alinghi* wird mit jedem Sieg besser. Der Gipfelsturm ist fast geschafft.

freude belohnt und erreichen den frischen Wind schneller als der Gegner. Die Kiwis parieren die folgenden Angriffe nur halbherzig, und Jochen Schümann fragt sich heute noch, warum Dean Barker zu diesem Zeitpunkt nicht einfach gerade auf die Ziellinie zugehalten hat. Die stabilere und vor allem ansprungsfreudigere *Alinghi* rettet sich mit halbem Wind aus dem Windschatten von *New Zealand*, umkurvt den Gegner und segelt mit sieben Sekunden Vorsprung ins Ziel, als hätte sie nie hinten gelegen. Dieser zweite Sieg der Schweizer hat aufgrund seiner sportlichen Entstehungsgeschichte eine verheerende psychologische Wirkung auf die Neuseeländer, denen nicht einmal dieser schon sicher geglaubte Sieg vergönnt war.

Erstmals muss sich Barker die Frage nach einem Personalwechsel in der Afterguard gefallen lassen. Doch öffentlich zuckt der sympathische Skipper zunächst nicht. Die Fans proben ihr Durchhaltevermögen wie bei einer Generalmobilmachung. Am Hilton-Apartmenthaus am Hafenausgang weht neuerdings ein Banner mit der Aufschrift »Remember Shackleton«: Helden dürfen einfach nicht aufgeben. Doch *Alinghi* entlässt *Team New Zealand* nicht aus dem Schweizer Würgegriff. Das dritte Duell verläuft unspektakulär, weil die Entscheidung über Sieg und Niederlage – zunächst nicht erkennbar für die Zuschauer – bereits in der Startphase fällt.

Zwar hatten die Wetterteams beider Mannschaften ihren Crews an diesem Tag aufgetragen, sich möglichst optimal für einen Schlag auf die linke, vom Wind bevorzugte Seite zu positionieren. Doch nur *Alinghis* 16 Männer erledigen ihre Hausaufgaben pflichtgemäß. An Bord der *New Zealand* ist man uneins, diskutiert und – votiert in einem Anflug von Unsicherheit doch für die rechte Seite, die wenige Momente vor dem Startschuss besser aussieht. Eine Fehlentscheidung,

die sich in 23 Sekunden Rückstand im Ziel und dem niederschmetternden Rückstand von 0:3 widerspiegelt.

Anschließend wird neun Tage nicht gesegelt. Die rekordverdächtige Ausfallserie zerrt an den Nerven aller Beteiligten. Fernsehjournalisten wüten über die Unwägbarkeiten des Segelsports. Jeder Produktionstag verschlingt allein mehr als 100 000 Euro an direkten Produktionskosten auf dem Hauraki-Golf. Von den indirekten Folgekosten für die Fernsehsender in aller Welt einmal ganz zu schweigen.

Es ist vollbracht: *Alinghi* **hat als erstes europäisches Team den America's Cup gewonnen. Als Schweizer Ausrufezeichen setzt die Mannschaft eine besondere Backstagflagge, auf der der Cup auf der Spitze des Matterhorns zu sehen ist. Darunter die Worte: »We did it!! «**

Der neuseeländische Wettfahrtleiter Harold Bennett gerät zwischen die Fronten und ist frustriert. Man wirft dem Mitglied des verteidigenden Clubs, der Royal New Zealand Yacht Squadron, Parteilichkeit vor. Dabei ist Bennett vor allem Opfer der Wetterbedingungen, des Protokolls und

Eidgenössischer Jubel: *Alinghis* Fans feiern ihr Team mit Schweizer Flaggen und überschwänglichem Kuhglockengeläut.

der Zauder-Haltung der Kiwis, die lieber auf perfekte und vor allem berechenbare Winde warten. Gleich am Tag des ersten Ausfalls spielt sich die Szene ab, die sich in den kommenden Wochen unzählige Male wiederholen würde. Weil die Bedingungen bei leichten und drehenden Winden nicht den Vorschriften im America's Cup-Protokoll entsprechen, müssen sich beide Teams übereinstimmend für eine längere Wartezeit und gegen den vorgeschriebenen Abbruch entscheiden. Nur dann würde ein Rennen stattfinden können. *Team New Zealand* lehnt dankend ab. Beim Stand von 0:3 will sich kein Kiwi auf einen Flautenpoker einlassen. Hähme ist die Antwort *Alinghis*. Als Bennett der Form halber um *Alinghis* Votum bittet, sagt Taktiker Brad Butterworth ironisch grinsend zu seinem Club-Kameraden: »Harold, wir sind bitter enttäuscht.« Einige *Alinghi*-Segler prusten vor Lachen, doch tatsächlich sind sie genervt von der durchaus erwarteten Verzögerungstaktik des Gegners. Zwei Tage später das gleiche Szenario auf dem Hauraki-Golf. Bennett kassiert das obligatorische Nein der Kiwis und funkt *SUI 64* an: »Brad,

Bertarellis Nummer eins: Ehefrau Kirsty, eine ehemalige Miss Großbritannien, zählte zu *Alinghis* größten Fans – hier mit Kuhglocke auf der Bugspitze von Bertarellis Motoryacht *Vava*.

möchtest du mir mitteilen, dass ihr bitter enttäuscht seid?« »Ja, Harold!«

Erst am 28. Februar und nach vielen Diskussionen um Sinn und Unsinn des Protokolls geht es weiter. Die neuseeländische Mannschaft hat mit dem 31-jährigen Taktiker Hamish Pepper ein Bauernopfer gebracht. Für ihn kommt »Napoleon«. Bertrand Pace, Skipper der französischen Halbfinalistin der vergangenen Cup-Auflage, soll Barker mit seiner Erfahrung unterstützen. Der letzte Offenbarungseid der bis dahin in der Öffentlichkeit auf national getrimmten Kampagne. *Alinghis* Mannschaft reagiert mit Humor. Als die Yachten auslaufen und *NZL 82* wie üblich an den Schweizer Docks vorbeigezogen wird, ertönt plötzlich die Marseillaise. Während die meisten Neuseeländer die Musik nicht einordnen können, wechselt der Franzose von Steuerbord an Backbord und hebt fröhlich seine Hand zum Gruß an die Konkurrenz.

Doch auch Pace kann nicht verhindern, was als neuseeländischer Schicksalstag in die Cup-Geschichte eingehen wird. Auf der zweiten Kreuz kracht der Bug des erneut mit zuviel Wasser überschwemmten Bootes in zwei aufeinander folgende, rund zwei Meter hohe Wellen. Bei Winden um 17 Knoten bricht die zweite Welle den Kiwis das Genick. Der 450 000 Euro teure Kohlefaser-Mast versagt den Dienst und knickt auf der Hälfte ab wie ein Streichholz. Neuseelands »Stimme des Segelsports«, Star-Moderator Peter Montgomery, ringt um Worte und sagt dann: »Das ist das Ende aller Cup-Hoffnungen.«

Der »Herald« titelt am folgenden Tag: »Cup-Hoffnungen auf Halbmast«. Die folgende Analyse der Zeitung kommt einmal mehr nicht ohne Seitenhieb aus: »Als wenn es nicht schon genügend böse Vorzeichen für *Team New Zealand* gäbe – Russell Coutts hat heute Geburtstag.« Fast hätte es geklappt mit dem America's Cup als Geschenk zum 41. Ehrentag des *Alinghi*-Skippers, doch das fünfte Rennen fällt mal wieder aus. Also gibt es für Coutts zunächst nur Selters statt Sekt.

Am 2. März ist *Alinghis* Gipfelsturm vollbracht. Ein letzter souveräner Arbeitssieg mit 45 Sekunden Vorsprung im Ziel reicht zum ersten Cup-Sieg eines europäischen Teams. Die Gegenwehr der Neuseeländer fällt unter Reserverigg schwach aus. *Alinghi* segelt auf und davon in eine neue America's Cup-Zukunft.

Wer hoch steigt, fällt tief.
DEUTSCHES SPRICHWORT

DIE GEFALLENE SEGELGROSSMACHT NEUSEELAND:
Von Black Magic zu Black Tragic

»Die schwarze neuseeländische Sloop, die das Duell mit 5:0 gewonnen hat, war eine hoch spezialisierte Waffe, die von den ersten Stufen bis hin zu ihrem besonderen Job sorgsam entwickelt wurde. Der Fakt, dass sie so gut war, ist dem Team zu verdanken, das dieses Puzzle mit seinen vielen Facetten so gut verstanden hat.« So und ähnlich lasen sich die Kommentare nach der gelungenen Cup-Verteidigung *Team New Zealands* im Jahr 2000. *Team New Zealand* hatte Neuseeland mit dem zweiten Cup-Triumph in Folge zur erfolgreichsten Segelgroßmacht des anbrechenden dritten Jahrtausends gemacht. Zu Recht aber hatte der amerikanische Autor und Designer Bruce Kirby bei seiner Formulierung darauf geachtet, den Verdienst dem Team zuzuschreiben, das hinter den Erfolgen stand.

Ein Team, das sich bei den Siegen 1995 und 2000 aus herausragenden Köpfen zusammensetzte und ebenso herausragend harmonierte. Wer an die noch gar nicht lange zurückliegenden Glanzzeiten der Neuseeländer zurückdenkt, dem fallen schnell die Namen der Galionsfiguren und Zugpferde ein: Kampagnenführer Sir Peter Blake,

Nationalheld Sir Peter Blake war und ist das Idol der Segelnation Neuseeland. Im Jahr 2001 wurde er auf einer Umweltmission im Amazonas von Piraten ermordet.

180

Skipper Russell Coutts, Taktiker Brad Butterworth und die beiden Design-Chefs Tom Schnackenberg und Laurie Davidson. Vier dieser fünf Männer hat *Team New Zealand* für die zweite Verteidigung verloren – der Anfang vom Ende.

Als Weltumsegler und Haudegen Grant Dalton wenige Monate nach dieser 31. Auflage um den America´s Cup die Leitung des geschlagenen und verunsicherten *Team New Zealand* übernahm, sagt er: »In wenigen Wochen wird die umfassende Analyse unserer Niederlage vorliegen. Es wird sich darin keine Überraschung finden. Was passiert ist, haben wir alle schon an den Fernsehbildschirmen gesehen.« Dalton spricht von der überzüchteten, technisch zu anfälligen Yacht *NZL 82*, dem jungen und zu wenig erfahrenen Team und nicht zuletzt dem mit Aufgaben und Verantwortungsbereichen überlasteten Management. Entsprechend trifft der charismatische neue Manager, der für sein Team die Leitfigur werden könnte, die fehlt, seit Sir Peter Blake das Team im Jahr 2000 auf eigenen Wunsch verließ, schon in den ersten Wochen nach Amtsantritt zwei wichtige Entscheidungen: Dean Barker bleibt als Skipper. Und Tom Schnackenberg soll sich wieder auf das konzen-

Keine schöne Sonntags-Lektüre: Die Wochenend-Ausgabe des »New Zealand Herald« trauert mit *Team New Zealand* und titelt »Cup-Hoffnungen auf Halbmast«.

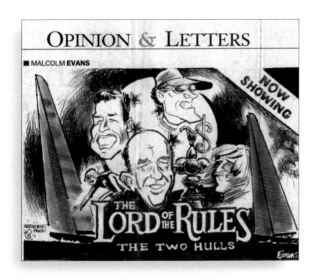

Eine Karikatur im Herald nimmt den Streit um die Legalität des neuseeländischen »Hulas« aufs Korn. Weil während der Cup-Regtta »Lord of the Rings Teil 2« in Neuseeland Premiere feiert, übersetzt der Zeichner ein Filmplakat in America's Cup-Sprache.

trieren, was er am besten kann: Design und Design-Koordination. Inklusive Dalton selbst könnte sich so eine Troika entwickeln, die 2007 imstande ist, *Team New Zealand* wieder auf den Gipfel des Segelsports zu führen.

Der Anfang ist gemacht: Die neuseeländische Regierung hat aus Fehlern der Vergangenheit gelernt und nach der Niederlage nicht lange gezuckt, als *Team New Zealand* um Soforthilfe zum Weitermachen bat. Anfang März flossen 5,6 Millionen Kiwi-Dollar, rund 2,8 Millionen Euro, in die leere Kasse des segelnden Aushängeschildes der Nation. Gelder, die vor allem genutzt wurden und werden, um die auslaufenden Verträge der Teammitglieder zu verlängern und so eine zweite Abwanderungswelle zu verhindern. *Team New Zealand* versteht die großzügige Gabe der Regierung als Anleihe, die einbehalten wird, wenn es tatsächlich eine Folgekampagne gibt. Sollte der Versuch scheitern, eine Erfolg versprechende Herausforderung zu formieren, wird das Geld durch den Verkauf von Booten und Zubehör eingenommen und zurückgezahlt.

Doch *Team New Zealand* hat am 2. März 2003 nicht nur den America´s Cup an Europa verloren. Es hat auch den Nimbus der Unschlagbarkeit eingebüßt. Verflogen ist die unbekümmerte, beinahe freche Frische der Kiwis und mit ihr der Stempel »Kiwis sind die besten Segler der Welt«. Die Segelwelt hat begriffen, dass jedes Team nur so gut ist wie jedes seiner einzelnen Mitglieder. Es müssen nicht 16 Neuseeländer auf einem Boot zusammenkommen, um zu siegen.

Auch unter den neuseeländischen Fans hat sich angesichts des tiefen Falls ihrer Helden Ernüchterung breit gemacht. In den letzten Tagen des Cups veränderte sich die Stimmung massiv. Viele nahmen die Schmach zum Anlass, die monatelange Antistimmung gegen das *Team Alinghi* wieder durch wachsende Fairness zu ersetzen. Die Realität hat sie unsanft auf den Boden der Tatsachen zurückgeholt. Andere sind aufgebracht und wütend auf die eigenen Leute. Die Email-Box des »Herald« quillt über. Leser John Shant schreibt: »Nun, jetzt wissen wir es. Das schwarze ›Raketenschiff‹ hat sich als feuchter Frosch entpuppt. Diejenigen, die mit dem Design von NZL 82 zu tun hatten, sollten ihre Köpfe in Schande hüllen. Wie auch immer man die Sache betrachtet: Ein Hund mit einem juwelenverzierten Halsband bleibt immer noch ein Hund.« Leserin Leslie Opie verteidigt die Segler: »Beschuldigt nicht Dean Barker und seine Crew, beschuldigt nicht Russell Coutts und Brad Butterworth und beschuldigt nicht das Wetter. Das schwarze Boot ist eine Beleidigung für Können und Intelligenz neuseeländischer Segler.«

Waren den Designern die Erfolge der vergangenen Jahre zu Kopf gestiegen oder fehlten Laurie Davidson und der technologisch versierte Russell Coutts als wertvolle regulierende Kräfte im Kreis von Team New Zealands innovativen Überfliegern?

In den »Sechs Gründen, warum Neuseeland die Auld Mug verloren hat«, nennt der »Herald« am Tag nach der Niederlage unter Punkt eins »Das schwarze Boot«. Die fragile Yacht mit ihrem Hula und der langen Kielbombe sei nie ein Gegner für die kampfgestählte *Alinghi* gewesen. Die meisten Neuseeländer, so das Blatt, würden sich vor allem an die einmalige Bruchse-

Hoffnung und Selbstvertrauen der Cup-Verteidiger sind vor Cup-Start groß: Das Stadtmagazin »citymix« träumt von einem spannenden Duell mit Hula-Vorteil für *Team New Zealand*. Natürlich ist man »loyal«.

rie erinnern. Natürlich werden auch die mangelnde Erfahrung in der Afterguard, die nicht effektive Vorbereitung und das fehlende Geld aufgeführt. Dabei verfügte *Team New Zealand* mit rund 45 Millionen Euro über ein Budget, das angesichts des Heimvorteils und der dadurch eingesparten Summen durchaus zu den besseren dieser Cup-Auflage zählte. Der »Herald« kritisiert darüber hinaus die alten Treuhänder, deren Disput mit Coutts und Butterworth im Anschluss an die erfolgreiche Cup-Verteidigung 2000 weit reichende Folgen gehabt habe.

Interessant ist Punkt drei der »Herald«-Liste: Niemand war imstande, die großen Schuhe Sir Peter Blakes zu füllen. Die Autoren loben zwar Dean Barker als herausragenden Skipper, Tom Schnackenberg als tollen Design-Koordinator und Ross Blackmann als großartigen Geschäftsmann, kommen aber zu dem Schluss, dass »keiner die ganz schweren Entscheidungen treffen wollte und niemand das Team durch seine dunkelsten Stunden geführt habe«.

Zu derlei Führungsqualitäten hätten auch Format und Vermögen gezählt, die Neuseeländer und ihre Medien in der Hetzkampagne gegen *Alinghi* zurückzupfeifen. Niemals hätte Blake zugelassen, was sich in der sonst so herzlichen Segelstadt während dieser Cup-Auflage abspielte. Er wäre, wie es sich Michel Bonnefous indirekt von *Team New Zealand* gewünscht hatte, aufgestanden und hätte sich die groben Attacken seiner Landsleute verbeten. So smart und intelligent Tom Schnackenberg auch ist, er hat das Problem der *Alinghi*-Feindlichkeit in seiner Heimatstadt unterschätzt. Er hat es als sportlich-spaßiges Spiel gesehen, seinen abgewanderten ehemaligen Teamkameraden Coutts und Butterworth eins überzubraten. So weit ein menschlich verständlicher Gedankengang. Als jedoch die Kampagne ihre hässliche Fratze entblößte, hätte Schnackenberg dem Spuk auf möglichst breiter Ebene ein Ende bereiten können. Sein Wort hat im Land der langen weißen Wolke genügend Gewicht.

Jetzt müssen die Neuseeländer kämpfen: Um ihre Reputation als faire Sportnation und um den Anschluss an die Elite, die neuerdings in der Schweiz ansässig ist und dort auch bleibt. Auf der Haben-Seite ihres Kontos: Eines der besten Ausbildungssysteme für junge Segler weltweit, eine immer noch ungebremste Leidenschaft für den Segelsport, ein durch die Hölle gegangenes Team, das nach dieser Feuerprobe bei der nächsten Cup-Auflage gewachsen sein dürfte und – Grant Dalton.

Grant Dalton sei, so der erfahrene neuseeländische Coach und ehemalige *Pinta*-Segler Peter Lester, dem verstorbenen Peter Blake sehr ähnlich. Eine erfolgreiche Karriere und der gute Umgang mit Menschen und Segelteams verbindet die beiden Führungspersönlichkeiten, die gut darin sind und waren, Menschen um sich zu versammeln, die sich hervorragend ergänzen und keine Angst haben, harte Entscheidungen zu fällen.

Dalton und Blake lernten sich in den späten siebziger Jahren kennen, als Dalton sich um einen Job an Bord der von Blake initiierten Whitbread-Kampagne *Ceramco* bewarb, aber abgelehnt wurde. Auch sein zweiter Versuch, als Crew-Mitglied auf Cornelius van Rietschotens später siegreichen *Flyer II* mitzusegeln, endete mit anfänglicher Ablehnung. Dann aber holte man den jungen Neuseeländer doch an Bord, der als Vorschiffsmann an seiner ersten Regatta um die Welt teilnahm. 1985 vertraute Blake Grant Dalton auf *Lion New Zealand* den Job als Wachführer an. Zum ersten Mal umrundeten die beiden den Erdball gemeinsam. Rückblickend sagt Dalton heute: »Bei einem Rennen um die Welt kannst du deine Hörner abstoßen. Du lernst alles über Leute, Kampagnen und Sponsoren. Du kriegst alle Facetten des Sports auf einmal mit.«

Im folgenden Whitbread Race 1989/90 war Dalton als Skipper auf *Fisher & Paykel* im Einsatz, Blake in gleicher Position auf *Steinlager II*. Auf der Etappe nach Auckland lieferten sich die beiden eines der dramatischsten Duelle in der Geschichte der Regatta. Kurz vor Schluss dann streifte Blake Dalton ab und hatte im Ziel sechs Minuten Vorsprung. Dalton erinnert sich: »Die größte Lehre, die ich von Peter gelernt habe, war seine Erfahrung mit *Steinlager II* und die Art, wie er diese Kampagne führte. Er hatte wirklich gute

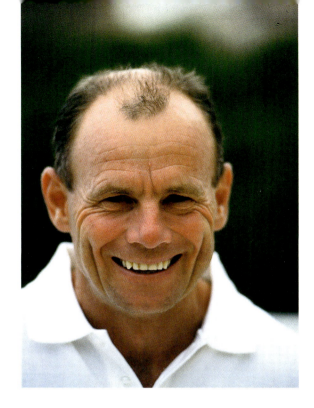

Retter für die Zukunft: Whitbread-Veteran Grant Dalton, ein Schüler und Wegbegleiter von Sir Peter Blake, soll *Team New Zealand* nach der Niederlage wieder auf Siegerkurs trimmen.

Jungs um sich herum versammelt. Ich habe das gelernt und die Erfahrung mit auf *New Zealand Endeavour* genommen. Ich habe die Dinge genauso organisiert wie er es tat. Und ich tue es noch. Peter hat ein Buch darüber geschrieben, wie man erfolgreich ist. Seitdem sind wir einfach nur seinen Kapiteln gefolgt.« Mit diesem Ansatz könnte es Dalton gelingen, *Team New Zealands* Comeback zu ermöglichen.

Vielleicht sollte Dalton damit beginnen, die Yachten wieder *Black Magic* zu nennen. So hießen sie 1995, als Sir Peter Blake das erfolgshungrige *Team New Zealand* erstmals anführte.

> *Nichts geschieht,*
> *ohne dass ein Traum vorausgeht.*
> CARL AUGUST SANDBERG

EUROPA IM CUP-FIEBER:
Von langen Nächten und einem neuen Segelsportgipfel

Björn Nieger ist Bootsbauer und lebt mit seiner Frau Katharina und den Kindern Hannah und Vincent in Muggensturm, einem kleinen Ort im Schwarzwald. Dorthin ist Nieger nach einem halben Jahr Arbeit in Auckland zurückgekehrt. Dort herrscht Ruhe nach dem Sturm.

Nieger hat im America's Cup etwas geschafft, was ihm keiner nachmachte: Der 26-Jährige hat für drei America's Cup-Kampagnen gearbeitet. Zunächst gehörte er zu den wenigen deutschen Kräften der Leverkusener *illbruck Challenge*. Als das ehrgeizige Projekt im März 2002 mit halbfertigem Cupper aus Geldnot die Segel streichen muss, ist auch Nieger seinen Job los. Der unermüdliche Spezialist für Kohlefaserverarbeitung zählt zu den Letzten, die vom Rückzug seines Arbeitgebers erfahren. Sein Begehren, in der höchsten Liga des Segelsports mitzumischen, bleibt davon unerschüttert. Von einem Kollegen hört Nieger, dass Ben Wright, Steve Fossetts ehemaliger Bootsmanager und *Le Défis* neuer Projektmanager, noch Bootsbauer sucht. Er meldet sich und wird, zunächst auf Zeit, für acht Wochen eingestellt.

Schnell erkennt sein neuer Chef, dass Niegers Qualitäten der Kampagne dienlich sind und fragt, ob der Deutsche nicht das Team nach Auckland begleiten wolle. Nieger will und nimmt seine Familie mit. Als die Grande Nation im November als Viertelfinalist aus dem Louis Vuitton Cup ausscheidet, ist Nieger wieder seinen Job los. Doch inzwischen hat es sich herumgesprochen, dass der Schwarzwälder ein engagierter wie versierter Mann seines Faches ist. Auch Jochen Schümann hat davon gehört. Als die Schweizer über Weihnachten Zusatzbedarf an Fachpersonal haben, klingelt Niegers Telefon. Schümann heuert Nieger an. Für einige Wochen ist sein Arbeitsplatz die Herzkammer der Eliteeinheit aus der Schweiz.

Wieder zurück im Schwarzwald, lassen Nieger die Erinnerungen an die Ereignisse in Auckland nicht los. Als am 8. März 2003 *Alinghis* Willkommensfeier in Genf auf dem Programm steht,

setzt er sich kurz entschlossen in den Golf seiner Mutter und fährt los. Vier, fünf Stunden Autofahrt sind nichts im Vergleich zur Chance, diese Party miterleben zu können.

Als Nieger in die Stadt fährt, geht schon nichts mehr. Alle Straßen sind verstopft. Obendrein schließt der Genfer Autosalon nach einer Woche Internationaler Automobilausstellung seine Pforten. Nieger will zum Platz La Rotonde am Nordufer des Genfer Sees. Dort sollen seine ehemaligen Arbeitskollegen gefeiert werden. Der Bootsbauer stellt sein Auto irgendwo ab und bahnt sich zu Fuß den einstündigen Weg durch die Menschenmengen.

Es herrscht eine Stimmung wie nach einer gewonnenen Fußball-Weltmeisterschaft. Tausende Fans bevölkern in *Alinghi*-Farben die Wege und Straßen. Alle strömen in Richtung Seeufer. Als Nieger mit reichlich Verspätung am La Rotonde ankommt, ist die Feier schon halb beendet. In weiter Ferne entdeckt er die Gesichter jener, mit denen er zwei Monate zuvor die *SUI 64* in Meis-

Europa und die Schweiz im Segelfieber: 40.000 Menschen feierten das *Team Alinghi* bei dessen Siegerparty in Genf. Noch nie waren in Europa so viele Menschen an einem einzigen Platz versammelt, um eine Segelmannschaft zu feiern.

terform brachte. 40 000 brüllen, singen, tanzen und genießen das Spektakel. Niemals zuvor in der Stadtgeschichte, weiß ein Polizeisprecher, hatten sich so viele Menschen an nur einem Platz in Genf versammelt. Keine Chance für Nieger, den einen oder anderen Kollegen zu begrüßen. Der Deutsche genießt die Gänsehaut-Stimmung für eine halbe Stunde und fährt dann zurück nach Muggensturm. Auf der Heimfahrt wird er noch geblitzt – das letzte Andenken an eine rasante Zeit.

Zur gleichen Zeit können sich *Alinghis* Teammitglieder kaum mehr auf den Beinen halten. Sie waren erst am Morgen mit dem von Ernesto Bertarelli für das gesamte Team gecharterten Flugzeug aus Auckland in Genf angekommen.

Er hat an den Traum vom Sieg geglaubt: *Alinghis* geistiger Urheber Ernesto Bertarelli in der Stunde seines größten Triumphs. Nach seiner kurzen Ansprache dröhnt es aus den Boxen »We are the Champions!«

Längst war die ernüchternde Siegerehrung in Auckland vergessen, bei der es nicht einmal genügend Medaillen für alle Teammitglieder gegeben hatte. Lieber erinnerte man sich an das eigene Abschiedsfest im *Alinghi*-Camp, bei dem Bertarelli noch einmal seinen Sinn für Humor unter Beweis stellte. Weil er während des America's Cup die Verzögerungstaktik der Neuseeländer mit dem Ausspruch »Das ist ja hier wie im Zirkus« gebrandmarkt hatte und dafür reichlich Medienschelte einstecken musste, stellte der Syndikatsboss die rauschende Siegerfeier unter das Motto »Zirkus«. Getränke wurden vom Personal aus Käfigen gereicht, ein altmodisches Karussell sorgte für Schwung, und die Clowns hatten als Einzige auch ohne Alkoholzufuhr rote Nasen. Immerhin: Auch einige der besiegten neuseeländischen Segler kamen an diesem rauschenden Abend erstmals ins Camp ihrer Bezwinger.

Doch nach Auckland kam Genf und setzte neue Maßstäbe. Unter den journalistischen Beobachtern war am Abend des 8. März auch Reporterin Julie Ash, die in Auckland gegen den Trend ihres Arbeitgebers, dem »New Zealand Herald«, vergleichsweise ausgewogen vom Renngeschehen berichtete. Nachdem in der neuseeländischen Tageszeitung über Monate zu lesen war, dass sich in der Schweiz kaum ein Mensch um den Segelsport und *Alinghis* Leistungen schere – so passte es besser ins Bild vom seelenlosen Milliardär auf seinem Egotrip –, räumte Julie Ash in ihrem Bericht am 9. März auch mit diesem von Kollegen gepflegten Vorurteil auf: »Jede Annahme, dass die Schweizer nicht wirklich an *Alinghis* Sieg im America's Cup interessiert waren, wurde gestern schnell vom Tisch gefegt, als Ernesto Bertarelli mit der Auld Mug in Genf aus dem Flugzeug stieg.«

Europa im Segelfieber. Ernesto Bertarelli offenbart den 40 000 Menschen an diesem Abend: »Ich habe einmal davon geträumt, hier am Cointrin-Flughafen mit dem America's Cup zu landen. Ich war wirklich der Einzige, der daran geglaubt hat.« Auch deshalb hat seine Mannschaft Sekunden nach dem fünften und entscheidenden Match-Gewinn gegen *Team New Zealand* eine ganz besondere Vorstagflagge gehisst, auf der das Matterhorn abgebildet ist. Auf seiner Spitze: der America's Cup. Dorthin, so hatte Bertarelli einst im Spaß versprochen, würde er die Kanne bringen, falls *Alinghi* gewinnt. Die Einlösung der waghalsigen Ankündigung stand im Frühsommer 2003 noch aus.

Das Objekt der Begierde mit *Alinghi*-Blick betrachtet: Der America's Cup ist erstmals in der Schweiz zu sehen und wird mit einer rauschenden Party begrüßt.

Trotzdem wird der erfolgreiche Schweizer Unternehmer in den kommenden Wochen mehrfach ausgezeichnet. Der UN-Sonderberater für Sport, der frühere Schweizer Minister Adolf Ogi, nennt *SUI 64* aufgrund ihrer Internationalität »eine kleine UNO«. Er lobt: »*Alinghi* hat bewiesen, was Willenskraft und Pioniergeist möglich machen.« Der französische Staatspräsident Jacques Chirac adelt Bertarelli mit dem Orden der Ehrenlegion, der höchsten nationalen Auszeichnung für Franzosen oder Ausländer, die Herausragendes geleistet haben. Die Schweizer Post hatte schon vor der Rückkehr eine Sondermarke zu Ehren *Alinghis* herausgegeben, und neuerdings gibt es ganz in der Nähe des siegreichen Clubs in Genf sogar einen *Alinghi*-Platz. Der Schweizer Bundespräsident Pascal Couchepin ist stolz: »Das Image der Schweiz als ein Land, das wagt, überwindet und gewinnt, wird sich wieder überall in der Welt einprägen.«

Den europäischen Frühling erleben *Alinghis* Segler wie im Rausch. Sie gehen mit dem Cup auf eine Tour durch die Schweiz. Bei Autogrammstunden sind die Schlangen hunderte Meter lang. In Dreier-Reihen stehen Familien in Genf, Lausanne, Lugano, Zürich, Luzern und Bern stundenlang an, um die Unterschrift eines der Helden zu erhaschen. Und Jochen Schümann macht sein Versprechen wahr. Am 8. Mai bringt er die Silberkanne nach Berlin. Erstmals ist der America's Cup auf deutschem Boden zu sehen.

Die Fans hierzulande hatten sich diese Art des Danks in zahllosen schlaflosen Nächten redlich verdient. Weil das Thema America's Cup dank der deutschen Zugpferde im *Team Alinghi* eine Explosion im deutschen Blätterwald auslöste, entschied sich die ARD, erstmals live vom Cup zu übertragen. Bis zu einer halben Million Menschen lauschten Moderator Peter Carstens und Co-Kommentator Tim Kröger. In Schümanns Yachtclub Berlin-Grünau, im Norddeutschen Regatta-Verein an der Alster, im Kieler Yacht-Club, in vielen weiteren Segler-Vereinen, in den Geschäftsräumen des Design-Büros Judel/Vrolijk und unzähligen Firmen und Privathäusern löschten nächtliche Fernsehpartys den neuen Durst der Fans nach spektakulären Bildern vom America's Cup.

Im Hamburger Segel-Club spendet Software-Multi SAP, zahlungskräftiges Mitglied der neuseeländischen Sponsorengemeinschaft »Family of Five«, Bierfässer, Segelkappen und einige Paare

Belohnung für einen Sieg der Superlative: Genf widmet dem *Team Alinghi* eine eigene Straße mit Hinweis auf die Großtaten von Bertarellis Mannschaft.

der legendären roten Socken. Im bayerischen Penzberg, dem Wohnort Schümanns, wird im Betriebsgebäude eines Sportstadions eine Großbildleinwand ausgerollt.

Die Nachtschwärmer überstehen auch die nervenzerrende Ausfallserie von neun Tagen stoisch. Mehr als einmal warten sie lange nach Mitternacht stundenlang auf einen Start, bevor Peter Carstens nur wieder eine Absage verkünden konnte. Richtig wütend wurde die neue kleine Zielgruppe der ARD nur einmal: Es war in jener Nacht, als das zweite Cup-Duell nach langer Startverschiebung endlich über die Mattscheibe flimmerte. Es war das spektakuläre Rennen, das beinahe mit einem Sieg *Team New Zealands* zu Ende gegangen wäre. Die spannende Entscheidung aber verpassten die Fans in Deutschland, weil die ARD-Verantwortlichen im letzten Renndrittel ausblenden. Stattdessen beginnt – programmgemäß – um 5.30 Uhr »Hallo Spencer«. Hallo ARD? Das Erste gelobte nach heftigen Protesten Besserung.

Es ist die Zeit großer Emotionen und überschwänglicher Gefühle. Die deutsche Fangemeinde sitzt mit *Alinghi* in einem Boot. In Ermangelung einer deutschen Yacht werden Schümann und Vrolijk als Schweizer zu Helden, die Träumen von einer ersten deutschen America's Cup-Kampagne neue Nahrung geben. Mehrere Interessengruppen und Persönlichkeiten loten einmal mehr die Möglichkeit aus, vielleicht doch ein deutsches Projekt zu initiieren. Viele fragen sich, warum sich BMW und SAP nicht einfach zusammentun und ein Super-Syndikat bilden.

Aber die betreffenden Konzerne haben – so sieht es zumindest im Juni 2003 aus – anderes im Sinn. BMW signalisiert Bereitschaft, die erfolgreiche Parnerschaft mit Oracle fortzusetzen. Aus SAP-Kreisen hört man Ähnliches zum Thema Partnerschaft mit *Team New Zealand*. Schade, doch kein Grund, den Traum zu begraben. Auch wenn Jochen Schümann und Rolf Vrolijk sich längst entschieden haben, ihren Vertrag mit *Alinghi* zu verlängern und damit als Motoren einer heimatlichen Herausforderung ausfallen: Sie bleiben der Schweiz treu. Genau wie der America's Cup, der nach seiner Welttournee bis mindestens 2007 einen Ehrenplatz in der Société Nautique de Genève bekommt.

JOCHEN SCHÜMANN:
Das neue Gesicht des America's Cup

Der America's Cup ist eigentlich »nur« eine verschnörkelte alte Silberkanne. Und doch ist sie Symbol und Preis einer Herausforderer-Regatta zwischen Yacht-Clubs, deren Teams um diese begehrteste Trophäe des internationalen Segelsports kämpfen. Anders aber als die meisten sportlichen Großereignisse, hat der America's Cup weder einen grundsätzlich festgelegten, sich wiederholenden Zeitplan noch einen langfristig permanenten Austragungsort. Der jeweilige Gewinner wird nach seinem Sieg zum Verteidiger und übernimmt dadurch die Verantwortung für die Gestaltung der nächsten Cup-Auflage.
Wer den America's Cup besitzt, der macht die Regeln. Dieser Vorteil wurde in der Vergangenheit manchmal bis über die Grenzen des Erträglichen hinaus ausgenutzt. 132 Jahre lag das Geschehen in den Händen der dauersiegreichen US-Syndikate, die den America's Cup entsprechend eigener Präferenzen prägten. So waren es auch die Amerikaner, die 1980 die Schraube in Sachen Nationalitätenregel anzogen. Sie hatten genügend Potenzial im eigenen Land: herausra-

Neue Aussichten: Der America's Cup vor schneebedeckter Schweizer Kulisse – viel seglerischer Glanz und eine große Zukunftsaufgabe für die Alpennation.

Dorit Vrolijks Liebeserklärung an das *Team Alinghi*: Ein selbst geschmiedeter, goldener Kettenanhänger mit Brillant. Bertarelli nannte die Frau seines Chefdesigners bewundernd »*Alinghis* Hardcore-Fan«.

gende Designer, erfahrene Segler und die notwendige Technologie. Damit haben sie es kleineren Nationen aber schwer gemacht, eine aussichtsreiche Herausforderung zu formieren.

Die Verhandlungen hinter den Kulissen waren in Auckland längst beendet, als wir die Ziellinie der letzten Wettfahrt im America's Cup erreichten. Der Golden Gate Yacht Club sollte als neuer Challenger of Record unser Partner in der Vorbereitung auf die 32. Cup-Auflage sein. Wir hatten zwar auch mit anderen Syndikaten gesprochen und ihre Ambitionen ausgelotet, doch der Golden Gate Yacht Club erschien uns als bestmöglicher Partner. Den Partner sucht man sich als Verteidiger selbst aus. Für uns war es wichtig, mit einem starken und modern orientierten Challenger arbeiten zu können. Deswegen haben wir den Club von *Oracle BMW Racing* gewählt. Nach vielen Vorgesprächen war klar, dass wir eine gemeinsame Vision vom Cup der Zukunft haben. Das entsprechende zweiseitige Dokument, die »Notice of Challenge«, wurde Minuten nach dem Zieldurchgang auf Ernesto Bertarellis Motoryacht *Vava* vom Präsidenten der Société Nautique de Genève, Pierre-Yaves Firmenich, und Bill Erkelens, Generalmanager und bevollmächtigtes Mitglied des Golden Gate Yacht Club, unterzeichnet. Anwesend waren auch *Oracle BMW Racings* Anwalt Tom Ehman, der übrigens in Hamburg lebt, und unser Rechtsvertreter Hamish Ross.

Was genau ist nun also das America's Cup-Protokoll, das der »Notice of Challenge« zum Zeitpunkt der Unterschriften schon beiliegt? Es ist Teil der Regel und legt die Grundsätze für die kommende Austragung des America's Cup fest. Verantwortlich für dieses Papier ist der Verteidiger in Abstimmung mit dem Challenger of Record. Der Challenger of Record trägt diesen Titel, weil seine Herausforderung als erste (»Rekord«) vom Verteidiger angenommen wird. Bei der letzten Cup-Auflage war die *Prada* der Challenger of Record und hatte den Vorsitz in der

Herausforderer-Organisation CORM (Challenger of Record Management). Es ist die einflussreichste Position, die ein Herausforderer haben kann. Wir glauben, dass Ellisons Kampagne dieser verantwortungsvollen Aufgabe gerecht werden wird. Es ist viel darüber geredet und geschrieben worden, was wir alles am Protokoll verändert haben. Richtig ist, dass wir tatsächlich in einigen Punkten völlig neu und auch radikal denken. Wir wollen alte Zöpfe abschneiden und dem Cup ein modernes Gesicht geben. Die Voraussetzungen dafür werden im Protokoll geschaffen.

Die wichtigsten Neuerungen haben wir in den Bereichen Nationalitätenregel, Technologietransfer, Organisationsstruktur und Regattaformat eingeführt.

Die Nationalitätenregel hat in den vergangenen Jahren vor allem eines produziert: horrende Kosten in Millionenhöhe. Die Syndikate, die mit internationalen Teammitgliedern arbeiteten, mussten viel Geld bezahlen, um diese Regel einzuhalten. Man nehme nur unser *Team Alinghi*. Jedes Teammitglied musste ab 1. März 2001 seinen Wohnsitz in der Schweiz haben. Dadurch wurden hohe Kosten für häufig leer stehende Apartments, unzählige Flüge oder mehrfache Umzüge ganzer Familien produziert. Dabei hat die Regel ohnehin nicht ihre ursprüngliche Aufgabe erfüllt. Sie war eine im professionellen und internationalen Sport von heute unzeitgemäße Absurdität.

In Zukunft gibt es keinerlei Nationalitätenbeschränkung mehr. Jeder kann für eine Kampagne seiner Wahl an einem in Abstimmung mit seinem Arbeitgeber frei gewählten Ort arbeiten. Geblieben ist nur eine Regel: Wer einmal für ein Syndikat seglerisch im Einsatz war, sei es bei Regatten oder im Training, darf mit Blick auf die nächste America's Cup-Auflage ab 18 Monate vor dem Start der Cup-Serie nicht mehr zu einer anderen Kampagne wechseln. Wir möchten vermeiden, dass finanzkräftige Kampagnen auf halber Strecke die besten Leute von schwächeren Projekten abwerben und darüber unerlaubte Informationen über Design und Entwicklungsarbeit der Konkurrenz erhalten.

Insgesamt haben wir die bislang strikten Regeln in Bezug auf den Technologietransfer gelockert. Man erinnerte sich an all die Skandale der letzten Cup-Auflage… So war es Teams beispielsweise erlaubt, alte Cup-Yachten der Konkurrenz zu kaufen, allerdings ohne die dazugehörigen und wichtigen technologischen Informationen. Wir finden, dass neue und so genannte kleine Projekte ohne die technologische Basisinformation eine zu hohe Hürde überspringen müssten. Wir möchten ihnen den Cup-Einstieg durch moderatere Bedingungen erleichtern, ihnen quasi helfen, schneller ein gutes Niveau zu erreichen.

Deswegen ist es potenziellen Herausforderern für die 32. Cup-Auflage gestattet, jederzeit ein Boot inklusive der dazugehörigen Design-Information zu erwerben. Design-Informationen ohne Boot können dagegen nur bis Oktober 2004 gekauft werden. Eine Einschränkung aber bleibt natürlich: Neu entwickelte Design-Parameter dürfen auch künftig nicht unter den Teams ausgetauscht werden. Einschneidende Veränderungen haben wir auch in Bezug auf den Austragungsort und die Organisationsstruktur vorgenommen. Als wichtigste Aufgabe betrachten wir die Auswahl eines Veranstalters und des entsprechenden Cup-Reviers. Das ist unser erster Schritt in die neue Zukunft des America's Cup. Ich kann an dieser Stelle noch nicht verraten, wo die 32. Auflage des America's Cup stattfindet, denn der Auswahlprozess läuft im Sommer 2003 noch. Nur eines stand schon fest: Es wird Europa sein.

Mehr als 60 Hafenstädte aus aller Welt haben schon während oder nach der letzten Cup-Auflage ihr Interesse bekundet, die 32. Auflage des America's Cup auszurichten. Acht hatten wir nach ersten Sondierungen ausgewählt. Es waren Barcelona, Lissabon, Marseille, Neapel, Palma de Mallorca, Porto Cervo auf Sardinien, Elba und Valencia. Zusammengefasst: drei spanische Häfen, drei italienische, ein portugiesischer und ein französischer.

Wir haben die international erfahrene Agentur Algoe damit beauftragt, diese acht Bewerber mithilfe eines eigens für den Auswahl-Prozess entworfenen Fragebogens noch einmal auf Herz und Nieren zu überprüfen. Wir wollen sicherstellen, dass der beste Bewerber gewinnt und nicht derjenige, der sich am besten verkauft. Wichtig – das hat Ernesto schon in Auckland gesagt, als wir von diversen Bewerbern umschwärmt wurden – sind bestmögliche und stabile Windbedingungen sowie die logistischen Voraussetzungen einer großen Stadt. Wir wollen für uns Segler und die Zuschauer in aller Welt ein Revier finden, in dem das Segeln Spaß macht und attraktiv anzusehen ist. Nie wieder möchten wir eine Ausfallserie erleben, die den Cup in Auckland manchmal über mehr als eine Woche lahm legte.

Aus den acht Bewerbern werden noch einmal vier herausgefiltert, die ein umfassendes Dossier zu ihrer Bewerbung einreichen müssen. Die endgültige Entscheidung über den Veranstaltungsort wird am 15. Dezember 2003 bekanntgegeben.

Im Protokoll ist auch zu lesen, dass unser Club, die Société Nautique de Genève, ein verantwortliches Veranstaltungs-Management einsetzen wird. In dessen Verantwortungsbereich gehören neben dem eigentlichen Race Management für den America's Cup 2007 Aufgaben wie die Anwerbung und Verwaltung von Sponsorengeldern, Medienrechte, die Veranstaltungsvermarktung und vieles mehr. Nach dem Abzug von 10 Prozent Bearbeitungsgebühr für das Management wird das Geld genutzt, um die Veranstaltung durchzuführen. Überschüsse werden am Ende zwischen uns und allen Herausforderern im Verhältnis von 50:50 geteilt.

Alinghi hat sich entsprechend in zwei Gesellschaften aufgeteilt: das AC Management und die *Alinghi Challenge*. Das AC Management wird von Michel Bonnefous als Direktor geleitet. Die *Alinghi Challenge* führt weiterhin Russell Coutts als Direktor. So sind das America's Cup-Management und unsere Cup-Kampagne zwei klar voneinander abgegrenzte Organisationen.

Was unsere Philosophie als Segler für den nächsten Cup angeht, so sehen wir uns bei der *Alinghi Challenge* als Wettbewerber wie jeder andere Challenger auch. Wir wollen uns in die psychologische Situation bringen, genau wie beim letzten Mal aktiv um den Cup zu kämpfen, anstatt ihn nur zu verteidigen.

Die *Alinghi Challenge* wird dem AC Management ihre Erfahrungen, ihre Kompetenz und natürlich ihre Visionen zur Verfügung stellen. Darüber hinaus aber arbeitet das AC Management unabhängig von *Alinghi*.

Zu den wichtigsten Aufgaben des AC Managements zählt die Etablierung der neuen Organisationsstruktur. Diese beinhaltet auch die Position eines unabhängigen Regatta-Direktors, der für sämtliche Aktivitäten auf dem Wasser verantwortlich sein wird. In der Vergangenheit wurde die Wettfahrtleitung stets vom Cup-Verteidiger gestellt. Ein Unding, das es so in keiner anderen Sportart gibt. Wir möchten zugunsten der Fairness diese Vorteilnahme beenden. Wir erwarten vom zukünftigen Regatta-Direktor, dass er Wett-

Trotz Terminstress locker und entspannt: Jochen Schümann vor dem Eingang zum *Alinghis* Basiscamp an der Halsey Street Nr. 135.

fahrten planmäßig startet und sie zuverlässig nach rund eineinhalb Stunden beendet. Der Segelsport und insbesondere das Medien-Event

America's Cup müssen planbarer werden. Das ist die Zuverlässigkeit und die Transparenz, die sich Fernsehanstalten und Zuschauer von uns zu Recht wünschen. Der Regatta-Direktor wird die Wettfahrtleitung zusammenstellen, einen Hauptschiedsrichter auswählen und – in Zusammenarbeit mit dem Chefvermesser – das Vermessungs-Komitee aufstellen. Diese Jury wird über alle Streitigkeiten entscheiden. Es gibt künftig kein Arbitration Panel mehr.

Verändern wird sich auch das Format des America's Cup. Wir werden zum einen die Jahre bis zum nächsten Cup mit mehr Leben erfüllen, zum anderen die Dauer des Cups von zuletzt fünf Monaten auf etwa drei reduzieren.

Ab 2004 wird AC Management jedes Jahr drei Regatten für Yachten der America's Cup-Klasse (ACC) organisieren. Im kommenden Jahr 2004 beispielsweise eine in den USA, zwei weitere in Europa. Diese Regatten werden im Match-Race gesegelt. Spätestens 2006, ein Jahr vor dem Cup, soll es dann auch eine offizielle Weltmeisterschaft für die AC-Yachten geben.

Im Jahr 2007 wollen wir kurz vor dem Cup ein Fleetrace im Cup-Revier segeln. Die Teilnahme daran ist für alle Herausforderer und auch uns als Verteidiger Pflicht. Es muss mit einer Cup-Yacht der neuen Generation und nicht etwa mit einer alten Trainingsyacht gesegelt werden. Zu diesem Anlass soll die Welt sehen, wie stark die Kampagnen kurz vor dem Cup sind – sicher ein spannender Paukenschlag kurz vor Beginn der 32. Cup-Auflage. Und die Ergebnisse dieses Fleetrace haben Folgen: Entsprechend ihrer Platzierung werden die Teams für die Herausforderer-Runde gesetzt, in der dann wieder klassisch im Match-Race eine Round Robin-Vorrunde und das anschließende K.o.-System greifen.

Last but not least: Das 32. America's Cup-Match wird 2007 stattfinden. Nicht, weil wir langsam sind und es bis 2006 nicht schaffen würden, sondern weil 2006 die Fußball-Weltmeisterschaft in Deutschland stattfindet. Wir möchten die historische Chance des ersten America's Cup in Europa nach seiner Premiere 1851 nicht vergeben, indem wir in der alles überstrahlenden Fußball-Berichterstattung untergehen. Das hätte der America's Cup nicht verdient.

Segelfans dürfen von uns erwarten, dass wir den Cup auf ein neues Niveau bringen. Wir wollen unsere Begeisterung für den America's Cup und das Segeln mit den Zuschauern in aller Welt teilen. In welche Richtung wir denken, haben wir in Auckland mit unserer Interactive Plaza schon aufgezeigt.

Es wird 2007 im Herzen der America's Cup-Village neben gutem Sport auch Ausstellungen und viel interaktive Unterhaltung geben. Wer mit der ganzen Familie kommt, der wird den America's Cup auch an einem regattafreien Tag wirklich erleben können. Wir freuen uns, wenn Sie 2007 dabei sind, wenn der Cup in seine neue Zukunft startet!

*Kein Wind ist demjenigen günstig,
der nicht weiß, wohin er segeln will.*
MONTAIGNE

DER TRAUM IHRES LEBENS:
Von Menschen, die der Cup bewegte

Wer weiß, was er will, ist gut dran. Zumindest dann, wenn er sich zu helfen weiß und imstande ist, dem eigenen Glück durch Beharrlichkeit nachzuhelfen. So einer ist Klaus Theimer. Man kann sich seinen Weg in übertragenem Sinne etwa so vorstellen:

Ein arbeitsloser ehemaliger Chefmechaniker einer Hamburger Autowerkstatt träumt vom ultimativen Karrieresprung. Der Mann telefoniert also mit ein paar Freunden, die er während eines Praktikums im Ausland kennen gelernt hat. Die sagen ihm nichts zu, raten ihm aber, doch zum Formel 1 Grand Prix nach Monaco zu kommen. Vielleicht ginge da was. Der Mann geht zum Arbeitsamt und überzeugt den Sachbearbeiter, ihn mit einem Flugticket zu unterstützen. Immerhin verzichtet er dafür in den kommenden Monaten auf seine Arbeitslosenunterstützung. In Monaco geht erst einmal nichts. Dann wird dem erfahrenen Mann eine unbezahlte Praktikantenstelle bei Ferrari angeboten. Freunde raten ab. Der Mann wartet. Dann kommt wenige Tage-

Klaus Theimer am Ziel seiner Träume:
Als Segelmacher verstärkte der gebürtige Hesse das *Team Dennis Conner*.

197

Mr. 100 Prozent:
Alinghis Antreiber
Christian »Kiki« Karcher.

vor Rennstart das Angebot: Der Mann wird für ein bescheidenes Gehalt doch bei Ferrari eingestellt. Unvorstellbar? Vielleicht in der Formel 1, aber nicht im America's Cup.

In Klaus Theimers Fall hieß Monte Carlo Auckland und der Rennstall *Team Dennis Conner*. Und tatsächlich hatte das Hamburger Arbeitsamt den arbeitssuchenden Hamburger Segelmacher in flexibler Weise unterstützt. Nun kann man sich vorstellen, dass Segeldesigner Theimer, einst Werkstattleiter bei Reckmann in Hamburg, sich in den ersten Tagen am neuen prominenten Arbeitsplatz so seine Gedanken darüber machte, wie er seinen neuen Boss ansprechen sollte. »Ich überlegte, ob ich Dennis oder Mr. Conner sagen soll.« Als der viermalige America's Cup-Sieger ein paar Tage nach Theimers Amtsantritt tatsächlich in die Segelloft kommt, hatte sich Theimer noch nicht entschieden. Musste er aber auch gar nicht. Conner kam mit seinem weltberühmten Grinsen auf ihn zu und sagte: »Hi, I'm Dennis.« Theimer gab ihm die Hand: »Hi, I'm Klaus.«

Klaus Theimer hat geschafft, wovon viele träumen. Er hat »die Chance meines Lebens« aktiv gesucht und ergriffen. Er hat eine 17 500 Kilometer lange Flugreise in die Ungewissheit gewagt und wurde belohnt. Er hat in einer America's Cup-Kampagne mitgearbeitet und die aus seiner Sicht »einmalige Möglichkeit zur Weiterbildung« intensiv genutzt. Anfangs wurde in Conners Loft bis zu 70, 75 Stunden die Woche gearbeitet. Das bescheidene Salär in dieser Zeit auf einen Stundenlohn herunterzurechnen, wäre für Theimer vielleicht frustrierend gewesen. Doch darum ging es dem gebürtigen Hessen nie. Der 31-Jährige hat seinen Traum vom America's Cup gelebt.

Diesen Traum hatte *Alinghi* Crew-Mitglied Christian Karcher längst in Realität verwandelt. Der Franzose hatte bereits drei America's Cup-Einsätze hinter sich, als er von *Alinghi* als Grinder angeheuert wurde. Und eine bewegende Lebensgeschichte: Im Alter von 10 bis 20 Jahren spielte er Fußball in den Straße von Buenos Aires, wo sein Vater damals arbeitete. Zwischen 20 und 30 wechselte er zum Rugby, weil er Kontaktsportarten liebt. Doch schon damals hatte er Probleme mit seinen Beinen. Inzwischen ist seine Hüfte elfmal operiert worden. Was ihm fehlt, ist der Oberschenkelhalsknochen. Als Karcher 16 Jahre alt ist, prophezeien ihm die Ärzte, dass er mit 25 Jahren im Rollstuhl sitzen wird. Damals schreibt er sein Lebensmotto an die Decke des Krankenhauszimmers: »Es gibt keinen Grund aufzugeben.«

Erst im Alter von 30 Jahren macht Karcher den Segelsport zu seinem Lebensmittelpunkt. Mit 32 erhält er sein erstes künstliches Hüftgelenk, doch der Segelsport faszinierte ihn so sehr, dass er glaubte, nur dafür geboren worden zu sein. Seine Eltern, mit denen er früher im Norden der Bretagne lebte, verbrachten ebenfalls jede Minute ihrer Freizeit auf dem Boot.

Bis zu zehntausend Menschen erlebten live die Cup-Duelle auf dem Hauraki-Golf. Die Größe der Zuschauer-Vehikel reichte vom Einmann-Tretboot bis hin zum Luxusliner (folgende Doppelseite).

»Ich bin ein Kelte. Unsere Landesgrenzen werden von der See bestimmt. Meine Lieblingsfarbe ist der Horizont. Ich habe immer vom Segeln geträumt.« Schon als Siebenjähriger sah Karcher im Segelverein ein Foto der *Velsheda*, einer J-Class-Yacht, die am America's Cup teilgenommen hatte. »Ich entschied damals, dass ich das auch tun wollte.«

Im Alter von 29 Jahren erreicht der passionierte Segler das angepeilte Spitzenniveau und zählt 1989 zu den Mitgliedern von Marc Pajots französischer America's Cup-Kampagne. Parallel ist er im Matchrace aktiv. Als er im Jahr 2000 mit der französischen Kampagne *Sixième* verhandelt, kommt sein Körper einer Werkzeugkiste auf zwei Beinen gleich. Er geht an Krücken, auch dann noch, als das neue französische Projekt anläuft. Er selbst beschreibt seinen Zustand so: »Mein Beckenbereich ist eine Mischung aus Titanium, Plastik, rostfreiem Stahl, Kleber, Knochenmaterial und einigen gebrochenen Schrauben. Wenn ich an Flughäfen durch die Kontrolle muss, dann heulen die Metall-Detektoren auf.«

Karchers Leben ist von unbändig starkem Willen geprägt. Sein Lieblingszitat stammt von Lawrence von Arabien: »Halbe Maßnahmen führen nur zu dem Scheitern, das sie verdient haben.« Deswegen sagt die Kämpfernatur in Karcher: »Wenn du Dinge nur halb machst, dann scheiterst du total. Ich mache alles so hart wie ich kann. Inklusive Schlafen.«

Der Mann, der jedes Mal vor einer seiner elf Operationen nicht wusste, ob er hinterher noch würde laufen können, ist mit *Alinghi* ins Finale des Louis Vuitton Cup 2002/2003 gesegelt. Danach musste er die Segel streichen. Wieder die Hüfte! Karcher hätte angesichts dieses erneuten Schicksalsschlages zum tragischen Helden des Siegerteams werden können. Doch das Gegenteil passierte. Er arbeitete an Land härter als je zuvor und Jochen Schümann sagte vor dem Cup-Match gegen *Team New Zealand*: »Neben vielen anderen Gründen ist Christian Karcher ein besonders guter, den America's Cup zu gewinnen.«

Es ist auch Karcher gewesen, mit dessen Hilfe *Alinghis* Motivations- und Fitness-Coach Jean Pierre Egger bei einem der vielen Teamtreffen ein psychologisches Exempel statuierte. Egger hielt einen Haufen Mikado-Stäbe in der Hand und schmiss sie den Seglern einfach vor die Füße. Dazu sagte er: »Das seid ihr. Eine Gruppe von Individuen.« So hatte *Alinghi* im Herbst 2000 tatsächlich begonnen. Doch Egger will, dass ein Team entsteht, das wie von einem unsichtbaren Band zusammengehalten wird. Er nimmt die Stäbe vom Boden auf, bindet sie mit einem Gummiband zusammen und reicht sie dem größten Teamplayer im *Team Alinghi*: »Hier Kiki, versuche, sie jetzt durchzubrechen.« Karcher schafft das nicht. Und Eggers Botschaft hat die Köpfe der Segler erreicht: Zusammenhalt macht stark. Und er machte *Alinghis* Gipfelsturm möglich.

HINTER DEM HORIZONT:
Good bye Auckland!

Du warst wundervoll. Eine herzliche, heitere und sportlich faire Gastgeberin der 30. Cup-Auflage in den Jahren 1999 und 2000. Eine zwiegespaltene Segelstadt in den Jahren 2002 und 2003. Zuletzt warst du hin- und hergerissen zwischen deiner Leidenschaft für den Segelsport und falschem Nationalstolz. Aber eines warst du immer: die City of Sails – die Stadt der Segelherzen.

Wo sonst auf der Welt werden in den Hauptnachrichten Segelereignisse noch vor Politik und vor allem vor Rugby, Cricket und Fußball kommentiert? Wo sonst auf der Welt kann man in der Warteschlange vor den Kassen des größten Supermarktes auf eine Wand voller handsignierter T-Shirts aller Cup-Kampagnen der vergangenen beiden Auflagen blicken? Wo sonst auf der Welt ist man auch in Einkaufszentren durch aktuelle Ergebnistafeln stets über den Stand der Dinge im Cup-Geschehen informiert? Wo sonst auf der Welt kann man mit jedem (!) Taxifahrer über den Cup und seine Helden tratschen? Wo sonst auf der Welt sind sogar die Mülltonen loyal und tragen die Farben des segelnden Nationalteams? Wo sonst auf der Welt könnte ein Premierminister den America's Cup zum am schnellsten wachsenden Wirtschaftszweig des Landes erklären? Wo sonst auf der Welt tanzen sogar Politiker den Haka, den Tanz der Ureinwohner des Landes, um das eigene Team auf Siegerkurs zu bringen? Wo sonst auf der Welt gibt es in einer Großstadt mehr registrierte Boote als Autos?

Larry Ellison hat gesagt, dass Neuseeland ein herrlicher Platz wäre, um Kinder großzuziehen. Dennis Conner besitzt hier ein Stück Land. Und Ernesto Bertarelli bescheinigte bei der Siegerehrung: »Wir haben trotz allem eine wunderbare Zeit in Auckland erlebt.«

Auckland, du hast America's Cup-Geschichte geschrieben und dir deinen Platz in den Geschichtsbüchern ehrlich verdient. Doch wer liebt, muss loslassen können. Es stimmt schon: Mit rund dreieinhalb Millionen Einwohnern ist Neuseeland ein kleines Land. Es wird nicht einfach sein, eine neue und Erfolg versprechende Kampagne auf die Beine zu stellen und die dafür notwendigen Mittel aufzubringen.

Aber versuche zu verstehen, dass Europa eineinhalb Jahrhunderte darauf warten musste, wieder Hand an die verschnörkelte Silberkanne legen zu dürfen. Mag sein, dass in Europa mehr Geld für neue Kampagnen zu finden ist als bei euch in Neuseeland. Doch wer weiß besser als ihr Kiwis, dass Geld allein den Cup nicht kaufen kann? Auch in Europa gibt es sie, die Leidenschaft für den America's Cup. Sie ist größer, als wir lange Zeit dachten. Wir werden uns alle Mühe geben, würdige Nachfolger Neuseelands zu sein.

———

Welcome to Europe! Bienvenue en Europe! Bien venido a Europa! Benvenuti in Europa! Bemvindo na Europa! Willkommen in Europa! Der Cup kommt nach Hause. 152 Jahre nach seiner Premiere 1851 vor der britischen Isle of Wight kehrt die verschnörkelte Silberkanne zurück auf den alten Kontinent. Wo der America's Cup 2007 ausgetragen wird, steht im Sommer 2003 noch nicht fest. Rund 60 Hafenstädte aus aller Welt haben ihr Interesse bekundet. Acht werden in den Sommermonaten 2003 genau unter die Lupe genommen. Alles deutet auf eine spanische oder portugiesische Gastgeberin für die 32. Cup-Auflage im Jahr 2007 hin. Die neuen Veranstalter werden sich anstrengen müssen. Das wissen wir. Sicher, *Alinghis* Sieg hat eine nie dagewesene Begeisterungswelle für den Segelsport und insbesondere den America's Cup ausgelöst. Doch die Herausforderung, in Europa eine attraktive Weltbühne für den Segelsport zu errichten, ist riesig. Ernesto Bertarelli sieht sie als historische Aufgabe. Sein Team will der ältesten Sporttrophäe ein neues, ein modernes Gesicht geben. Möge das Unternehmen America's Cup 2007 gelingen!

Anhang

America´s Cup 2002/03 206
Ergebnisliste America´s Cup – Kurzübersicht 209
Ergebnisliste America´s Cup 1851 – 1987 210
    J-Klasse 212
    12-Meter-Klasse 212
Ergebnisliste America´s Cup 1992 – 2003 216
Der Louis Vuitton Cup 217

America's Cup 2002/03

 ## Die Verteidiger: *Team New Zealand*
New Zealand (NZL 82)

Die Newcomer. Mit einem Durchschnittsalter von 33 Jahren ist die Afterguard der Kiwis erheblich jünger als ihre Cup-Gegner. Größter Vorteil der Verteidiger: ihre exzellenten Revierkenntnisse und ein genialer Kopf wie Tom Schnackenberg mit bisher sieben Cup-Kampagnen. Dafür fehlt es der Crew am Budget und ihrem Steuermann an Erfahrung in echten Cup-Matches. So lässt sich Barker beispielsweise in der zweiten Wettfahrt den sicher geglaubten Sieg auf dem letzten Vormwind-Kurs abknöpfen. Beim Design gingen die Neuseeländer Risiken ein. Schon im ersten Cup-Match gibt es deshalb Wassereinbruch und eine gesplitterte Baumnock.

 ## Die Herausforderer: *Alinghi Challenge*
Alinghi (SUI 64)

Die Erfahrenen. Um für die erste Cup-Teilnahme des Syndikates beste Voraussetzungen zu schaffen, holte Finanzier Ernesto Bertarelli die führenden Leute des Cup-Verteidigers 2000 ins Team. Der dreifache Olympiasieger Jochen Schümann stieß als Sportdirektor hinzu. Die Crew (Durchschnittsalter 39 Jahre) vertraut von Beginn an auf ihre perfekte Vorbereitung und den starken Zusammenhalt. Das Schiff, entwickelt vom Wahl-Hamburger Rolf Vrolijk, erweist sich als sehr guter Allrounder. Im Verlauf des Louis Vuitton Cup kann das Team die bewährte *Alinghi* immer weiter optimieren. Das innovativere Schwesterschiff kommt nicht zum Renneinsatz.

Oracle BMW Racing
(USA 76) ohne Yachtnamen

»Wir kommen wieder«, prophezeite Oracle-Boss Larry Ellison (57) sofort nach der Niederlage gegen *Alinghi* im Finale des Louis Vuitton Cup. Ein Mann wie er gibt sich erst zufrieden, wenn er sein Ziel erreicht hat. Und für den Gewinn des America's Cup ist ihm nichts zu teuer. Immerhin hatte der selbstbewusste Amerikaner mit rund 90 Millionen Euro seinem Team das größte Budget aller Herausforderer zur Verfügung gestellt. Dass es nicht ganz reichte, lag zum großen Teil an der mangelnden Abstimmung im Segelteam.

OneWorld Challenge
One World (USA 65)

Spionage, Klage, Punktabzug: Das amerikanische Team musste sich schon vor Beginn des Wettbewerbs durch schwere See kämpfen. Am Ende schaffte es die Crew von Teamboss Craig McCaw (52) allen Unwägbarkeiten zum Trotz bis in den Hoffnungslauf des Halbfinales. Dort wurde es von Oracle BMW Racing gestoppt. Grund für das recht gute Abschneiden war nicht zuletzt, dass McCaw mit einem Teil seines 80-Millionen-Euro-Budgets Segler und Know-how vom Cup-Verteidiger Neuseeland abwarb.

Prada Challenge
Luna Rossa (ITA 80)

Nach der bitteren 0:5-Niederlage gegen *Team New Zealand* im America's Cup 2000 gab es für die Italiener nur ein Ziel: wieder antreten und gewinnen. Eigens dafür hatte Patrizio Bertelli (57), Teamchef und Mann der Firmenpatronin Miuccia Prada, das Budget seines Syndikates auf 100 Millionen Euro aufgestockt. Aber es kam anders: Die Italiener wurden zum Loser. Zwar segelten sie nach dem Rausschmiss von Konstrukteur Doug Peterson und einigen Umbauten am Bug besser. Doch bereits im Halbfinale war für sie Schluss.

Victory Challenge
Örn (SWE 63)/Orm (SWE 73)

Zum ersten Mal trat das schwedische Team Victory Challenge beim Louis Vuitton Cup an. Überschattet vom plötzlichen Tod ihres Finanziers, des Medienmoguls Jan Stenbeck, zeigten die Schweden trotz relativ kleinen Budgets von 57 Millionen Euro eine durchaus ansprechende Leistung. Erst im Hoffnungslauf des Viertelfinales schied das Team mit seiner überwiegend von Jesper Bank gesteuerten *Orm* gegen Prada aus. »Vielleicht kommen wir wieder«, sagte Stenbecks Sohn Hugo nach den Rennen.

Team Dennis Conner
Stars & Stripes (USA 77)

Mit vier Siegen (1974, 80, 87 und 88) wird Dennis Conner (60) zu Recht »Mister America's Cup« genannt. Sein Spitzname täuscht jedoch über die schlechten Voraussetzungen hinweg, unter denen sein Team antreten musste. Aufgrund des Attentats vom 11. September 2001 fehlten Conner Sponsoren, sodass er mit einem der kleinsten Budgets aller Herausforderer (25 Millionen Euro) an den Start gehen musste. Außerdem sank eine der beiden Trainingsyachten während einer Präsentation und verdarb so die Vorbereitung.

GBR Challenge
Wight Lightning (GBR 70)

Mit einem Budget von rund 35 Millionen Euro war die britische Kampagne von Beginn an nur als Basis für den nächsten Cup angelegt nach dem Motto: Erfahrung sammeln. Vor diesem Hintergrund wird Peter Harrison (65) über das frühe Ausscheiden des jungen Teams nicht zu verzweifelt sein. Der frühere Inhaber der IT-Firma Chernikeef hat mit dem Verkaufserlös von 475 Millionen Euro auf jeden Fall genug finanzielle Potenz, um das Syndikat erneut zu positionieren. Dann, so hoffen die Briten, müsste mehr drin sein als das Viertelfinale.

Le Défi Areva
Le Défi (FRA 69)

Die Herausforderung (übersetzt: Le Défi) war etwas zu groß für die Franzosen unter Leitung von Teamchef Xavier de Lesquen (39). Zu spät steuerte der Atomkonzern Areva 20 Millionen Euro zum Gesamtbudget von 23 Millionen Euro bei. Zu spät auch bauten die Franzosen ihren Bug und die Kielflosse um. Und zu spät konnte sich das Team deshalb an das neue Design gewöhnen. Die Folge: Die Crew mit dem Hamburger Tim Kröger schied schon im Viertelfinale gegen *Orm* von Victory Challenge aus.

Mascalzone Latino
Mascalzone Latino XII (ITA 72)

Mit nur einem neuen Boot trat das Team von Skipper und Finanzier Vincenzo Onorato (44) in Auckland an. Chancen auf den Sieg hatte die rein italienische Crew somit nicht. Auch war das Budget mit 34 Millionen Euro im Vergleich zur Konkurrenz im unteren Bereich angesiedelt. Kein Wunder also, dass sich die Venezianer schon nach den Round Robins aus dem Cup verabschieden mussten. Für Onorato, der vor Beginn sagte, es werde der schönste America's Cup aller Zeiten werden, ein recht kurzes Vergnügen.

Ergebnisliste America's Cup
Kurzübersicht

Jahr	Verteidiger (ab 1870)	Herausforderer (ab 1870)	Gewinner
1851	America	Aurora	America 1-0
1870	Magic	Cambria	Magic 1-0
1871	Columbia	Livonia	Columbia 4-1
1876	Madeleine	Countess of Dufferin	Madeline 2-0
1881	Mischief	Atalanta	Mischief 4-1
1885	Puritan	Genesta	Puritan 2-0
1886	Mayflower	Galatea	Mayflower 2-0
1887	Volunteer	Thistle	Volunteer 2-0
1893	Vigilant	Valkyrie II	Vigilant 3-0
1895	Defender	Valkyrie II	Defender 3-0
1899	Columbia	Shamrock	Columbia 3-0
1901	Columbia	Shamrock II	Columbia 3-0
1903	Reliance	Shamrock III	Reliance 3-0
1920	Resolute	Shamrock IV	Resolute 3-2
1930	Enterprise	Shamrock V	Enterprise 4-0
1934	Rainbow	Endeavour	Rainbow 4-2
1937	Ranger	Endeavour II	Ranger 4-0
1958	Columbia	Sceptre	Columbia 3-1
1962	Weatherly	Gretel	Weatherly 4-1
1964	Constellation	Sovereign	Constellation 4-0
1967	Intrepid	Dame Pattie	Intrepid 4-0
1970	Intrepid	Gretel II	Intrepid 4-1
1974	Courageous	Southern Cross	Courageous 4-0
1977	Courageous	Australia	Courageous 4-0
1980	Freedom	Australia	Freedom 4-1
1983	Liberty	Australia II	Australia II 4-3
1987	Kookaburra III	Stars & Stripes	Stars & Stripes 4-0
1988	Stars & Stripes	New Zealand	Stars & Stripes 2-0
1992	America^3	Il Moro di Venezia	America^3 4-1
1995	Young America	Black Magic	Black Magic 5-0
2000	Team New Zealand	Luna Rossa	Team New Zealand 5-0
2003	Team New Zealand	Alinghi	Alinghi 5-0

Ergebnisliste America's Cup
1851 – 1987

Datum	Name	Vermessung	Länge des Kurses	Zeit-vergütung		Gesegelte Zeit			Berechnete Zeit			Vorsprung	
				Min.	Sek.	Std.	Min.	Sek.	Std.	Min.	Sek.	Min.	Sek.
22. Aug. 1851	America	170 tons	58 sm	–	–	10	37	00				8	00
	Aurora	47 tons		–	–	10	45	00					
		Länge Wasserlinie											
8. Aug. 1870	Magic	1680,0	35,1 sm	14	07	4	07	54	3	58	21	39	17
	Cambria	2105,8		–	–	4	34	37	4	37	38		
		Verdrängung											
16. Okt. 1871	Columbia	1691	35,1 sm	1	41	6	17	42	6	19	41	27	04
	Livonia	1881		–	–	6	43	00	6	46	45		
18. Okt. 1871	Columbia	1691	49 sm	6	10$^{1}/_{2}$	3	01	33$^{1}/_{2}$	3	07	41$^{3}/_{4}$	10	33$^{3}/_{4}$
	Livonia	1881		–	–	3	06	49$^{1}/_{2}$	3	18	51$^{1}/_{2}$		
19. Okt. 1871	Livonia	1881	35,1 sm	–	–	3	53	05	4	02	25	15	10
	Columbia	1691		4	23	4	12	38	4	17	35		
21. Okt. 1871	Sappho	1957	40 sm	–	–	5	33	21	5	36	02	33	21
	Livonia	1881		2	07	6	04	38	6	09	23		
23. Okt. 1871	Sappho	1957	40 sm	1	09	4	38	05	4	46	17	25	27
	Livonia	1881		–	–	5	04	41	5	11	44		
		Kubikinhalt											
11. Aug. 1876	Madeleine	8199,17	32,6 sm	1	01	5	24	55	5	23	54	10	59
	Countess of Dufferin	9028,40		–	–	5	34	53	5	34	53		
12. Aug. 1876	Madeleine	8199,17	40 sm	1	01	7	19	47	7	18	46	27	14
	Countess of Dufferin	9028,40		–	–	7	46	00	7	46	00		
9. Nov. 1881	Mischief	3931,90	32,6 sm	–	–	4	17	09	4	17	06	28	20$^{1}/_{4}$
	Atalanta	3567,60		2	55$^{1}/_{4}$	4	48	24$^{1}/_{2}$	4	45	29$^{1}/_{4}$		
10. Nov. 1881	Mischief	3931,90	32 sm	–	–	4	54	53	4	54	53	38	54
	Atalanta	3567,60		2	55	5	36	52	5	33	47		
		Länge und Segelfläche											
14. Sept. 1885	Puritan	83,85 (Sail Tons)	32,6 sm	–	–	6	06	05	6	06	05	16	19
	Genesta	83,05		0	28	6	22	52	6	22	24		
16. Sept. 1885	Puritan	83,85	40 sm	–	–	5	03	14	5	03	14	1	38
	Genesta	83,05		0	28	5	05	20	5	04	52		
9. Sept. 1886	Mayflower	87,99	32,6 sm	–	–	5	26	41	5	26	41	12	02
	Galatea	86,87		0	38	5	39	21	5	38	43		
11. Sept. 1886	Mayflower	87,99	40 sm	–	–	6	49	00	6	49	00	29	09
	Galatea	86,87		0	38	7	18	48	7	18	09		

Datum	Name	Vermessung	Länge des Kurses	Zeitvergütung		Gesegelte Zeit			Berechnete Zeit			Vorsprung	
				Min.	Sek.	Std.	Min.	Sek.	Std.	Min.	Sek.	Min.	Sek.
27. Sept. 1887	Volunteer	89,10	32,6 sm	–	–	4	53	18	4	53	18	19	23$^{3}/_{4}$
	Thistle	88,46		0	05$^{3}/_{4}$	5	12	46	5	12	41$^{3}/_{4}$		
30. Sept. 1887	Volunteer	89,10	40 sm	–	–	5	42	56$^{1}/_{4}$	5	42	56$^{3}/_{4}$	11	48$^{3}/_{4}$
	Thistle	88,46		0	06	5	54	51	5	54	45		
7. Okt. 1893	Vigilant	96,78	30 sm	–	–	4	05	47	4	05	47	5	48
	Valkyrie II	93,11		1	48	4	13	23	4	11	35		
9. Okt. 1893	Vigilant	96,78	30 sm	–	–	3	25	01	3	25	01	10	35
	Valkyrie II	93,11		1	48	3	37	24	3	35	36		
13. Okt. 1893	Vigilant	96,78	30 sm	–	–	3	24	39	3	24	39	0	40
	Valkyrie II	93,57		1	33	3	26	52	3	25	19		
7. Sept. 1895	Defender	100,36	30 sm	0	29	5	00	24	4	59	55	8	49
	Valkyrie III	100,49		–	–	5	08	44	5	08	44		
10. Sept. 1895	Valkyrie III	100,49	30 sm	–	–	3	55	09	3	55	09	0	47
	Defender	100,36		0	29	3	56	25	3	55	56		
12. Sept. 1895	Defender	100,36	30 sm	0	29	4	44	12	4	43	43		
	Valkyrie III	100,49		–	–	aufgegeben							
16. Okt. 1899	Columbia	102,135	30 sm	–	–	4	53	53	4	53	53	10	08
	Shamrock	101,092		0	06	5	04	07	5	04	01		
17. Okt. 1899	Columbia	102,135	30 sm	–	–	3	37	00	3	37	00		
	Shamrock	101,092		0	06	aufgegeben							
20. Okt. 1899	Columbia	102,135	30 sm	0	16	3	38	25	3	38	09	6	34
	Shamrock	102,565		–	–	3	44	43	3	44	43		
28. Sept. 1901	Columbia	102,355	30 sm	0	43	4	31	07	4	30	24	1	20
	Shamrock II	103,79		–	–	4	31	44	4	31	44		
3. Okt. 1901	Columbia	102,355	30 sm	0	43	3	13	18	3	12	35	3	35
	Shamrock II	103,79		–	–	3	16	10	3	16	10		
4. Okt. 1901	Columbia	102,355	30 sm	0	43	4	33	40	4	32	57	0	41
	Shamrock II	103,79		–	–	4	33	38	4	33	38		
22. Aug. 1903	Reliance	108,41	30 sm	–	–	3	32	17	3	32	17	7	03
	Shamrock III	104,37		1	57	3	41	17	3	39	20		
25. Aug. 1903	Reliance	108,41	30 sm	–	–	3	14	54	3	14	54	1	19
	Shamrock III	104,37		1	57	3	18	10	3	16	12		
3. Sept. 1903	Reliance	108,41	30 sm	–	–	4	28	00	4	28	00		
	Shamrock III	104,37		1	57	aufgegeben							
		Begrenzung der Segelfläche & Bestrafung											
15. Juli 1920	Shamrock IV	93,8	30 sm	6	42	4	24	58	4	24	58		
	Resolute	83,5		–	–	aufgegeben							
20. Juli 1920	Shamrock IV	94,4	30 sm	7	01	5	33	18	5	22	18	2	26
	Resolute	83,5		–	–	5	31	45	5	24	44		
21. Juli 1920	Resolute	83,5	30 sm	–	–	4	03	06	3	56	05	7	01
	Shamrock IV	94,4		7	01	4	03	06	3	49	04		
23. Juli 1920	Resolute	83,5	30 sm	–	–	3	37	52	3	31	12	9	58
	Shamrock IV	93,8		6	40	3	41	10	3	41	10		
27. Juli 1920	Resolute	83,5	30 sm	–	–	5	35	15	5	28	35	19	45
	Shamrock IV	93,8		6	40	5	48	20	5	48	20		

J-Klasse

Datum	Name	Länge des Kurses	Gesegelte Zeit			Vorsprung	
			Std.	Min.	Sek.	Min.	Sek.
13. Sept. 1930	Enterprise	30 sm	4	03	48	2	52
	Shamrock V		4	06	40		
15. Sept. 1930	Enterprise	30 sm	4	00	44	9	34
	Shamrock V		4	10	18		
17. Sept. 1930	Enterprise	30 sm	3	56	16		
	Shamrock V		aufgegeben				
18. Sept. 1930	Enterprise	30 sm	3	10	13	5	44
	Shamrock V		3	15	57		
17. Sept. 1934	Endeavour	30 sm	3	43	44	2	09
	Rainbow		3	45	53		
18. Sept. 1934	Endeavour	30 sm	3	09	01	0	51
	Rainbow		3	09	52		
20. Sept. 1934	Rainbow	30 sm	4	35	34	3	26
	Endeavour		4	39	00		
22. Sept. 1934	Rainbow	30 sm	3	15	38	1	15
	Endeavour		3	16	53		
24. Sept. 1934	Rainbow	30 sm	3	54	05	4	01
	Endeavour		3	58	06		
25. Sept. 1934	Rainbow	30 sm	3	40	05	0	55
	Endeavour		3	41	00		
2. Aug. 1937	Ranger	30 sm	4	41	15	17	05
	Endeavour II		4	58	20		
4. Aug. 1937	Ranger	30 sm	3	54	30	4	27
	Endeavour II		3	58	57		
5. Aug. 1937	Ranger	30 sm	3	07	49	3	37
	Endeavour II		3	11	26		

12-Meter-Klasse

Datum	Name	Länge des Kurses	Gesegelte Zeit			Vorsprung	
			Std.	Min.	Sek.	Min.	Sek.
20. Sept. 1958	Columbia	24 sm	5	13	46	7	43
	Sceptre		5	21	29		
21. Sept. 1958	Columbia	24 sm	abgebrochen				
	Sceptre						
24. Sept. 1958	Columbia	24 sm	3	17	40	11	40
	Sceptre		3	29	20		

Datum	Name	Länge des Kurses	Gesegelte Zeit			Vorsprung	
			Std.	Min.	Sek.	Min.	Sek.
25. Sept. 1958	Columbia	24 sm	3	09	02	8	21
	Sceptre		3	17	23		
26. Sept. 1958	Columbia	24 sm	3	04	12	6	52
	Sceptre		3	11	04		
15. Sept. 1962	Weatherly	24 sm	3	13	45	3	32
	Gretel		3	17	17		
18. Sept. 1962	Gretel	24 sm	2	46	47	1	41
	Weatherly		2	47	28		
20. Sept. 1962	Weatherly	24 sm	4	20	52	8	43
	Gretel		4	29	35		
22. Sept. 1962	Weatherly	24 sm	3	22	09	0	22
	Gretel		3	22	31		
25. Sept. 1962	Weatherly	24 sm	3	16	04	3	44
	Gretel		3	19	48		
15. Sept. 1964	Constellation	24 sm	3	30	41	5	34
	Sovereign		3	36	15		
17. Sept. 1964	Constellation	24,3 sm	3	46	48	20	24
	Sovereign		4	07	12		
19. Sept. 1964	Constellation	24,3 sm	3	38	07	6	33
	Sovereign		3	44	00		
21. Sept. 1964	Constellation	24,3 sm	4	12	27	15	40
	Sovereign		4	28	07		
12. Sept. 1967	Intrepid	24,3 sm	3	24	47	5	58
	Dame Pattie		3	30	45		
13. Sept. 1967	Intrepid	24,3 sm	3	29	06	3	36
	Dame Pattie		3	32	42		
14. Sept. 1967	Intrepid	24,3 sm	3	20	07	4	41
	Dame Pattie		3	24	48		
18. Sept. 1967	Intrepid	24,3 sm	3	27	35	3	35
	Dame Pattie		3	31	10		
15. Sept. 1970	Intrepid	24,3 sm	3	25	57	5	52
	Gretel II		3	31	49		
20. Sept. 1970	Gretel II	24,3 sm	Startzeit nicht überliefert			1	07
	Intrepid						
22. Sept. 1970	Intrepid	24,3 sm	3	24	34	1	18
	Gretel II		3	25	52		
24. Sept. 1970	Gretel II	24,3 sm	3	33	38	1	02
	Intrepid		3	34	40		
26. Sept. 1970	Intrepid	24,3 sm	4	28	52	1	44
	Gretel II		4	30	36		

Datum	Name	Länge des Kurses	Gesegelte Zeit			Vorsprung	
			Std.	Min.	Sek.	Min.	Sek.
10. Sept. 1974	Courageous	24,3 sm	4	11	57	4	54
	Southern Cross		4	16	51		
12. Sept. 1974	Courageous	24,3 sm	3	32	28	1	11
	Southern Cross		3	33	39		
16. Sept. 1974	Courageous	24,3 sm	3	32	01	5	27
	Southern Cross		3	37	28		
17. Sept. 1974	Courageous	24,3 sm	3	32	18	7	19
	Southern Cross		3	39	37		
13. Sept. 1977	Courageous	24,3 sm	Zieldurchgangszeit			1	48
	Australia		nicht überliefert				
15. Sept. 1977	Courageous	24,3 sm	abgebrochen				
	Australia						
16. Sept. 1977	Courageous	24,3 sm	3	44	05	1	03
	Australia		3	45	08		
17. Sept. 1977	Courageous	24,3 sm	4	23	08	2	22
	Australia		4	25	30		
18. Sept. 1977	Courageous	24,3 sm	3	32	22	2	25
	Australia		3	34	47		
16. Sept. 1980	Freedom	24,3 sm	3	48	03	1	52
	Australia		3	49	55		
19. Sept. 1980	Australia	24,3 sm	5	06	8	0	28
	Freedom		5	06	56		
21. Sept. 1980	Freedom	24,3 sm	3	35	05	0	53
	Australia		3	35	58		
23. Sept. 1980	Freedom	24,3 sm	3	41	12	3	48
	Australia		3	45	00		
24. Sept. 1980	Freedom	24,3 sm	3	07	52	3	38
	Australia		3	11	30		
13. Sept. 1983	Liberty	24,4 sm	3	25	50	1	10
	Australia II		3	27	00		
15. Sept. 1983	Liberty	24,4 sm	3	49	14	0	33
	Australia II		3	49	47		
17. Sept. 1983	Australia II	24,4 sm	abgebrochen				
	Liberty						
18. Sept. 1983	Australia II	24,4 sm	3	50	24	3	14
	Liberty		3	53	46		
20. Sept. 1983	Liberty	24,4 sm	3	29	11	0	43
	Australia II		3	29	54		
21. Sept. 1983	Australia II	24,4 sm	3	29	56	1	47
	Liberty		3	31	43		
22. Sept. 1983	Australia II	24,4 sm	3	31	36	3	25
	Liberty		3	35	01		

Datum	Name	Länge des Kurses	Gesegelte Zeit			Vorsprung	
			Std.	Min.	Sek.	Min.	Sek.
26. Sept. 1983	Australia II	24,4 sm	4	15	45	0	41
	Liberty		4	16	26		
31. Jan. 1987	Stars & Stripes	24 sm	3	28	45	1	41
	Kookaburra III		3	30	26		
1. Feb. 1987	Stars & Stripes	24 sm	3	02	19	1	13
	Kookaburra III		3	03	32		
2. Feb. 1987	Stars & Stripes	24 sm	3	09	56	1	46
	Kookaburra III		3	11	42		
4. Feb. 1987	Stars & Stripes	24 sm	3	03	56	1	59
	Kookaburra III		3	05	55		

Ergebnisliste America's Cup
1992 – 2003 (International America's Cup Class – IACC)

Datum	Name	Länge des Kurses	Vorsprung Min.	Sek.
9. Mai 1992	America^3 Il Moro di Venezia V	22,6 sm	0	30
10. Mai 1992	America^3 Il Moro di Venezia V	22,6 sm	0	03
12. Mai 1992	America^3 Il Moro di Venezia V	22,6 sm	1	58
14. Mai 1992	America^3 Il Moro di Venezia V	22,6 sm	1	04
16. Mai 1992	America^3 Il Moro di Venezia V	22,6 sm	0	44
6. Mai 1995	Black Magic Young America	18,55 sm	2	45
8. Mai 1995	Black Magic Young America	18,55 sm	4	14
9. Mai 1995	Black Magic Young America	18,55 sm	1	51
11. Mai 1995	Black Magic Young America	18,55 sm	3	37
13. Mai 1995	Black Magic Young America	18,55 sm	1	50
20. Feb. 2000	Team New Zealand Luna Rossa	18,5 sm	1	17
22. Feb. 2000	Team New Zealand Luna Rossa	18,5 sm	2	37
26. Feb. 2000	Team New Zealand Luna Rossa	18,5 sm	1	39
1. März 2000	Team New Zealand Luna Rossa	18,5 sm	1	49
2. März 2000	Team New Zealand Luna Rossa	18,5 sm	0	48
15. Feb. 2003	New Zealand Alinghi	18,5 sm	New Zealand aufgegeben	
16. Feb. 2003	New Zealand Alinghi	18,5 sm	0	07
18. Feb. 2003	New Zealand Alinghi	18,5 sm	0	23
28. Feb. 2003	New Zealand Alinghi	18,5 sm	New Zealand aufgegeben	
2. März 2003	New Zealand Alinghi	18,5 sm	0	45

Der Louis Vuitton Cup

Ausscheidungswettfahrten der Herausforderer für den America's Cup 2003
(Round Robin = jeder segelt gegen jeden)

Zweimal segelt jeder gegen jeden (Round Robin), danach scheidet schon das erste Team aus. Dann geht's nach dem K.o.-System weiter, wobei die ersten vier Teams der Round Robins eine doppelte Chance haben, und deswegen nach einem verlorenen Match noch nicht komplett aus dem Rennen sind.

Die letzten vier der Round Robins können sich jedoch keinen Ausrutscher leisten. Dieses System wurde erdacht, um die stärkeren Teams nicht unnötig viele Matches segeln zu lassen und für den Fight gegen die Neuseeländer zu schonen. Bei der folgenden Übersicht wurden die Namen der Teams verwendet.

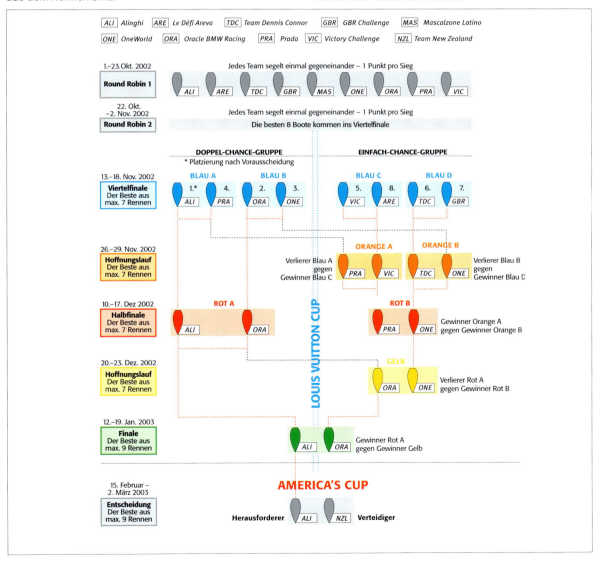

Round Robin 1 1. – 23. Oktober 2002	Le Défi Areva	Mascalzone Latino	Prada	Victory Challenge	Alinghi	GBR Challenge	Oracle BMW Racing	Team Dennis Conner	OneWorld	Punkte	Platz
Le Défi Areva		0	0	0	0	0	0	0	0	0	9
Mascalzone Latino	1		0	0	0	0	0	0	0	1	8
Prada	1	1		1	0	1	0	0	0	4	4=
Victory Challenge	1	1	0		0	0	0	1	0	3	7
Alinghi	1	1	1	1		1	1	1	0	7	2
GBR Challenge	1	1	0	1	0		1	0	0	4	4=
Oracle BMW Racing	1	1	1	1	0	0		1	0	5	3
Team Dennis Conner	1	1	1	0	0	1	0		0	4	4=
OneWorld	1	1	1	1	1	1	1	1		8	1

Round Robin 2 22. Oktober – 2. November 2002	Le Défi Areva	Mascalzone Latino	Prada	Victory Challenge	Alinghi	GBR Challenge	Oracle BMW Racing	Team Dennis Conner	OneWorld	Punkte Round Robin 1	Punkte Round Robin 2	Punkte Gesamt	Gesamtplatzierung
Le Défi Areva		1	0	0	0	0	0	0	1	0	2	2	8
Mascalzone Latino	0		0	0	0	0	0	0	0	1	0	1	9
Prada	1	1		1	1	1	1	1	0	4	7	11	4
Victory Challenge	1	1	0		0	1	0	1	0	3	4	7	5
Alinghi	1	1	0	1		1	0	1	1	7	6	13	1
GBR Challenge	1	1	0	0	0		0	1	0	4	3	7	6
Oracle BMW Racing	1	1	0	1	1	1		1	1	5	7	12	2
Team Dennis Conner	1	1	0	0	0	0	0		0	4	2	6	7
OneWorld	0	1	1	1	0	1	0	1		8	5	12*	3*

* OneWorld wurde ein Punkt wegen eines Protestes abgezogen

Viertelfinale
13. – 18. November 2002

Blau A	Alinghi	Prada	4	0*
Blau B	Oracle BMW Racing	OneWorld	4	0
Blau C	Victory Challenge	Le Défi Areva	4	1
Blau D	GBR Challenge	Team Dennis Conner	1	4

* Prada verzichtet auf das letzte Rennen

Viertelfinale-Hoffnungslauf
26. – 29. November 2002

OneWorld	Team Dennis Conner	4	0
Prada	Victory Challenge	4	0

Halbfinale
10. - 17. Dezember 2002

Alinghi	1	1	1	1				4
Oracle BMW Racing	0	0	0	0				0
OneWorld*	1	0	1	1	1	0		3
Prada	0	1	0	0	0	1		2

*OneWorld wird der erste Sieg wegen einer Protest-Bestrafung aberkannt

Halbfinale-Hoffnungslauf
20. - 23. Dezember 2002

Oracle BMW Racing	1	1	1	1				4
OneWorld	0	0	0	0				0

Finale
12. – 19. Januar 2003

Alinghi	1	1	1	0	1	1		5
Oracle BMW Racing	0	0	0	1	0	0		1

America's Cup Match
15. Februar – 2. März 2003

Team New Zealand	0	0	0	0	0			0
Alinghi	1	1	1	1	1			5

Danksagung

Zum Gelingen dieses Buches haben viele Menschen beigetragen – mit ihrer Zeit, mit ihrem Wissen, mit großartigen sportlichen Leistungen oder einfach nur mit ihrem Interesse. Dafür möchte ich mich sehr bedanken.
Insbesondere bei Mark O'Brien für seine brillanten Cartoon-Ideen. Bei Bernard Schopfer, Veronique Teurlay und dem gesamten *Alinghi*-Team für ihre großzügige und uneigennützige Unterstützung. Bei Ingo Petz für seine kritischen Gedanken. Bei Campbell für den besten Latte Macciato in Auckland. Bei Ernesto Bertarelli für den gelebten Beweis, dass Milliardär nicht gleich Milliardär ist und Geld nicht jeden Charakter verdirbt. Bei Jochen Schümann, Rolf Vrolijk, Tim Kröger und Hans-Joachim Stuck für ihre Beiträge und ihr Engagement.
Bei Mark Bullingham und Vicky Low für ihre schnelle und professionelle Unterstützung. Bei *Le Défi* für farbenprächtige Bilder. Bei Susanne Spatz und Volker Böcking für die Öffnung des BMW-Fotoarchivs. Bei Gebhard Graf zu Waldburg-Wolfegg, Achim Griese, Erik von Krause, Peter Neumann, Cordula Schümann und Dorit Vrolijk für ihr lebendiges Erinnerungsvermögen.
Bei Bruno Troublé, Christine Bélanger und dem Louis Vuitton Cup-Team, insbesondere Isabelle Genis, Jane Eagleson und Britta Neville, für ihr hochprofessionelles Pressezentrum in Auckland, in dem wir trotz aller Arbeit immer auch viel Freude hatten. Bei Isabelle Musy und Peter Herzog dafür, dass sie so heitere und faire Kollegen waren. Bei Tim Jeffery für sein beeindruckendes historisches Gedächtnis. Und bei der »Yacht« für die kollegiale Hilfe bei der Zusammenstellung der Teamübersicht im Anhang.
Bei allen America´s Cup-Teams dafür, dass sie für uns ein spannendes Stück Segelsportgeschichte mit Leben erfüllt haben. Bei meinen Freunden für ihre wertvollen Anregungen. Bei meiner Mutter, meinem Vater und meiner Schwester Natascha für ihre Liebe und ihre Zeit. Und bei unseren dreijährigen Zwillingen Carlotta und Rasmus dafür, dass sie über Wochen alle Fragen nach der Abwesenheit ihrer Mutter resolut lächelnd beantworteten: »Mami arbeitet. Die schreibt ein Buch über *Alinghi*.«

Danke!

Abbildungsnachweis

Alinghi Team/Thierry Martinez, Genf: Seiten 8, 41, 113, 126, 151 (unten), 161 (unten), 172, 173, 174, 175, 176, 187, 188, 189, 191
Alinghi Team/Ph. Schiller, Genf: Seiten 12 (beide), 17, 82, 84, 151 (oben), 169, 177
Alinghi Team/Dean Treml, Genf: Seiten 89, 198

Beken of Cowes, Isle of Wight: Seite 23

Carlo Borlenghi/ASA Fotoagentur, München: Seiten 11, 43, 44, 58, 86, 91, 109 (beide), 130, 171, 190, 200/201, 202

GBR Challenge, London: Seite 59

Icon Press, Hamburg: Titel (3), Seiten 19, 45, 46, 47, 48/49, 51, 55, 77, 83, 85, 90/91, 92/93, 108, 110/111, 114, 116/117, 123, 124, 125, 128, 132, 146, 160, 170, 178, 220, 224

Le Défi, Frankreich: Seiten 100, 102, 103, 105, 136, 137 (beide), 138, 139 (beide)

Louis Vuitton: Seite 10

T. Muscionico/Focus, Hamburg: Seiten 26/27

Mystic Seaport, Rosenfeld Collection, Mystic, CT: Seiten 25, 31, 34, 35
Mystic Seaport, Rosenfeld Collection, Mystic, CT (Foto: James Burton): Seiten 30, 32/33
New York Yacht Club Collection, Courtesy Mystic Seaport, Mystic, CT: Seite 22
Private Collection, Courtesy Mystic Seaport, Mystic, CT (Gemälde von A. W. Fowles): Seiten 20/21

Peter Neumann/YPS, Hamburg: Seiten 62, 63, 64 (beide), 65

Mark O'Brien, Wellington (Cartoons): Seiten 52, 61, 115, 118, 121

Oracle BMW Racing/Nico Krauss, München: Seiten 56/57, 94, 119, 122, 134/135, 155, 156/157, 158, 167
Oracle BMW Racing/Sally Samins: Seiten 117 (unten), 163, 164, 165
Oracle BMW Racing/Sören Stache: Seite 117 (oben)
Oracle BMW Racing Team: Seite 166

tati, Hamburg: Seiten 13, 18, 50, 66, 67, 68, 71, 72, 73, 75, 76, 79, 80, 96, 97, 98, 99, 104, 106, 147, 149, 150, 152 (beide), 153, 154, 161 (oben + Mitte), 162, 179, 180, 185, 192, 195, 197

Yacht Spezial »America´s Cup«, Sonderheft 1/03: Seiten 206, 207, 208

Archiv: Seiten 28, 29, 36, 38, 39, 69, 70 (beide), 74, 127, 140, 141, 142, 145, 181, 182, 183